神话与自然宗教

——中国云南省少数民族的精神世界

【日】冈部隆志 著

张正军 译

上海交通大学出版社
SHANGHAI JIAO TONG UNIVERSITY PRESS

内容提要

　　本书是作者冈部隆志教授在云南省考察少数民族的民俗文化之后撰写的调查和研究报告集,详细记录了在云南各地的少数民族村寨考察的经过,内容包括彝族、傈僳族、独龙族、白族、佤族、纳西族、哈尼族等多个民族的神话传说、民俗宗教、节日活动以及对歌等等,为研究中国少数民族的民俗文化提供了翔实的第一手资料。

图书在版编目(CIP)数据

神话与自然宗教 / (日)冈部隆志著;张正军译.
—上海:上海交通大学出版社,2016
ISBN 978 - 7 - 313 - 14403 - 4

Ⅰ.①神… Ⅱ.①冈… ②张… Ⅲ.①神话—研究—
云南省②神话—作品集—云南省 Ⅳ.①B932.2②I277.5

中国版本图书馆 CIP 数据核字(2016)第 007541 号

本书首次出版由日本三弥井书店出版

神话与自然宗教
——中国云南省少数民族的精神世界

著　　者:[日]冈部隆志　　　　　　译　　者:张正军
出版发行:上海交通大学出版社　　　地　　址:上海市番禺路 951 号
邮政编码:200030　　　　　　　　　电　　话:021 - 64071208
出 版 人:韩建民
印　　制:常熟市文化印刷有限公司　经　　销:全国新华书店
开　　本:710 mm×1000 mm　1/16　印　　张:14.25
字　　数:199 千字
版　　次:2016 年 3 月第 1 版　　　　印　　次:2016 年 3 月第 1 次印刷
书　　号:ISBN 978 - 7 - 313 - 14403 - 4/B
定　　价:48.00 元

序言

一、邂逅云南的底层文化

中国居住着 55 个少数民族,他们一面受到中国的主体民族汉族的文化影响,同时形成了各民族独自的文化。特别是在云南省,那里居住着 25 个少数民族,多数少数民族("少数民族"的称呼反映了中国政府的民族政策,有的研究者回避这一称呼,称其为民族集团,本文虽关注这一称呼的政治性和历史性,但还是使用一般通用的"少数民族"这一称呼)没建立过本民族的国家,没有自己的文字,主要依赖第一产业营生,保存了古老的文化。这些少数民族文化虽然各有特点,但其底层文化是相通的。例如,"自然宗教"就是如此。当然,与日本的宗教相同,有的少数民族文化受道教、佛教等外来宗教的影响,但其底层文化基本上保留着浓厚的自然宗教的特征。

我感兴趣的是底层文化。15 年前,应在中国云南省作对歌调查的工藤隆的邀请,我去云南省怒江流域调查了对歌、神话和宗教性祭祀仪式,这是我的第一次云南之行。此后,我去云南考察过好几次,深切地感觉到日本固有的底层文化几乎都能在云南找到。啊,这不是与我们的文化几乎一样吗!这是我真实的感想。在这个意义上讲,我们最近虽然很少听到讲述云南与日本文化共同性的"照叶树林文化论"了,但是,实际来云南考察后,我觉得那是很有说服力的学说。

底层文化可谓无意识地制约着该文化传承人的思维和行为,因此,它是作为该文化传承人的共同体和民族的共性的知觉表象。在这个意义上,它是区别于其他共同体和民族的标识。但是,如果在底层文化这个范畴中来概括其他民族和其他国家的共同体,我们就会意外地发现超越了国家和民族的范围。"照叶树林文化论"让我们注意到了这个问题。"照叶树林文化论"的提倡者发现了在照叶树林这一亚洲的植物带中共有的文化,该文化论起到了很大的作用,在亚洲这一区域,它不同于民族和国家的区别方法,提出了跨越民族和国家的共同文化。

重要的是,"照叶树林文化论"所谓的跨越国境的文化是扎根于本地生活中的底层文化,是生活于当地的人们并未意识到是文化的、由生活中的工具、食物、歌谣等来体现的文化。正因为它是底层的,所以,更能从根本上确认当地人的共同点。虽然云南的民族和所属的国家与我的不同,但是,我通过对云南的访问,发现云南人生活在与日本类似的底层文化中,我心情激动不已。现在想来,对云南民族文化的调查再次确认了我们(也可以说是日本人)并不孤立存在这一理所当然的事实。当然,那里即使存在着不同性质的文化,能确认共性的意义也是巨大的。

因此,我只是想看看云南文化,一有机会就去那里访问,如果有感兴趣的节日祭祀,就去看,当然,也去调查作为研究方向的对歌。

二、探寻底层文化的意义所在

全球化的潮流促使现在这样彻底的消费文明越过民族和国家的框架,无论是在边境还是在都市,它们毫无顾忌地渗透到我们的生活中。在这样的时代中,我有时会想文化是什么的问题,在云南时,我特别会思考这个问题。我调查了云南的神话和祭祀,它们大部分正在消亡。除了一部分人以外,大部分人毫不关心正在消亡的文化。如果说文化结局理应如此,那我也无话可说。但是,这反过来又让我们思考,对生活于当地的人来说,文化又是什么呢?

也许现在文化与其说是民族和地域共同体的同一性问题,不如说是面对环境破坏、农村荒芜化、城市人际关系崩溃等问题的人们为了设法活下去而必须意识到的问题。云南也好，日本也罢，为了在艰难的世上设法活下去，我觉得需要重新探索文化性的东西。我认为，那种文化是给无依无靠的人在自然中找到生存根据的类似万物有灵论那样存在于我们生活底层的文化。在看不到未来、不知所措的这个时代，我们必须重新探索底层文化。我不是想说我们应该向底层的文化学习。我不可以简单地说该学就行，而只是想试着重新探索，就像有心病时无意识地重新思索隐藏着的内心问题那样。

在这个意义上，我认为接触、审视、考察云南少数民族的底层文化，对于重新理解我们的生活必将具有重要意义。

三、全球资本主义中的底层文化

我在云南调查少数民族文化时，曾深思过这样的问题，即，在席卷日本和中国的全球化进程中，地区性的底层文化会发生什么样的变化。

例如，有一年我在准备考察高峰乡的火把节时，在节日的两周前，突然获悉该节日停办了。我当时已经买了国际机票，预订了宾馆，正在束手无策之际，突然获得了可以访问小凉山彝族的机会，总算可以去中国了。至于终止火把节的原因，据说是因为村民忙于采集松茸。与传统的节日祭祀相比，村民选择了有现金收入的工作。

村民采集的松茸运到省城昆明后再出口日本，日本是云南产松茸的消费国，因此，一部分云南人从中受益了。另一方面，松茸所象征的全球化直接影响了地区性的传统祭祀。三年后，当地举办了火把节，我去做了考察。据说高峰乡所在的县政府把火把节作为振兴地方经济的一环给予了经济资助，村民才得以举办火把节。因此，主办方在火把节的现场搭起了舞台，隆重地举办了开幕式。在领导人致开幕辞后，作为余兴节目，年轻人表演了改编过的时髦的彝族民族舞蹈，在火把节期间还表演了斗牛。火把节本来与斗牛没关系，那是火把节的主办方——政府为吸引游客而策划的节目。

　　我已经察觉到了全球化已把传统祭祀作为观光资源来利用的倾向。我在考察丽江纳西族祭祀"署神"的仪式时,发现丽江郊外的玉水寨矗立着一尊贴金箔的大"署神"像,据说是最近塑造的,这也是把纳西族的祭祀作为旅游资源来利用的政府的创意。

四、在 云 南 调 查

　　我认为底层文化在全球化浪潮中发生变化,这是全世界正在发生的问题,云南也不例外。我因为考察了很多云南的节日祭祀,所以必须认真观察现在正在发生变化的文化。这么说是因为我自己也是充分享受了全球化恩惠的人。如果说来购买松茸的日本商社使高峰乡终止了"火把节"的话,那么我是盼望着如期举办节日的人,在某种意义上,与购买松茸的商人没什么差别。如果说是全球化把边疆纳入世界性的交易体系中,从因地域差别而产生的价格差中获取利润,那么,我们也是依靠孕育全球化欲望的同样的系统,才能够把文化差异作为普遍价值的研究材料来发现问题,获得科研成果。例如,把松茸出口到日本以获取利润的商人接触到了不同文化的人,在当地构建了开放性的社会,这使我单身赴云南省禄丰县高峰乡考察火把节成为可能,我的考察也使当地进一步走向对外开放。

　　某个地区对其他国家和异文化开放,这不是坏事,但也不完全是好事。不过,对外开放本身是不可阻挡的,那么,因开放而引起的变化也会持续下去。例如,自古继承下来的祭祀活动的消失便是其中之一。不过,这种祭祀活动在时代潮流中无奈地消亡前,我们应该把文化变异这一事态作为使本地人富有的再创造的契机来重新把握。

　　那时,我们需要什么样的智慧呢?当地如何来培育这种智慧呢?我认为不断地做这样的思考是很重要的。我享受着全球化的恩惠,进入云南考察,如果说我能为云南人做点什么贡献的话,那就是认真审视、记录、思考全球化中的文化变异,通过这些事,给当地再创造提供一些智慧吧。说贡献,这其实有点冒昧,不过,我想强调的一点是,拙著着眼于底层文化,这是因为我认为底层文化才是那种智慧的源泉。

五、从日本底层文化的视角看云南少数民族文化

我想我是一边调查定居于云南的少数民族的底层文化,一边探索日本的底层文化的。当然,其中也有像佤族那样曾经有过猎人头祭的文化,那也不能看成是不同性质的文化。拙著没有与日本作比较文化论的研究,但是是从日本底层文化的角度来论述云南的神话和祭祀的,从这个意义上讲,不管我有无意识到,拙著也可谓是底层文化的比较文化论。

目录 | CONTENTS

讲述自我不足的创世神话

——中国云南省怒江流域的神话与文化

一、跋涉于中国云南省怒江流域

1997 年 8 月,我们为了调查少数民族的神话、祭祀和对歌文化,访问了中国云南省怒江流域。[1]这是我生平第一次考察云南省,也是第一次到中国。在大东文化大学工藤隆教授、云南大学李子贤教授的率领下,我亲身去考察了云南省怒江流域的少数民族文化。我参加中国之旅的直接动机是想亲眼看见工藤隆教授在调查中的白族对歌。可是,我们去剑川县石宝山采录对歌时,那里当时几乎没有对歌活动,对歌调查也就扑了个空。但是,我们在调查完白族文化后访问了怒江流域,那里的风景让我惊叹不已。

去之前,我知道那里是中国的内地,有一定的思想准备。但是,怒江流域严酷的自然环境远远超出了我的想象。这里所谓的严酷是指人在那里生活得很艰辛。尽管如此,人们还是在那样严酷的自然环境中生活着。我惊叹的是在那种严酷的自然中人能生存下去的事实。我不是没在电视节目、书籍上看到过生活在严酷环境中的人,但是,作为信息的认知和身临其境的所见所闻是迥然不同的。在惊涛骇浪的怒江边陡峭的绝壁上,只要有人勉强能站住的一块坡地,那里就种植着玉米。人站在那种坡地上,如果滑倒就可能会掉到怒江里去。冒着生命危险耕种的玉米地讲述着生存的艰辛。

我注视着怒江的急流、两岸的悬崖和玉米地，不由得在心里想：人为什么要长期定居在这种地方？不能搬迁到环境稍微好些的平地上居住吗？新迁入地如果有原住民，不能与他们和谐共处吗？

陡峭的峡谷·怒江的风景

但是，人如果过分集中居住于产量高的土地有限的地方，就会发生纠纷。如果在纠纷中失败，或者想回避纷争，那就只好居住到条件更恶劣的自然中。遵循这个无情的法则，很多人无奈地生存于地球上险恶的环境中，我现在看到的可能就是遵循这个法则的人们的生活和文化。

怒江发源于喜马拉雅山脉，自西藏自治区流经云南省西部，是一条沿中缅边境地区流动的大河。大河两侧有海拔三四千米的崇山峻岭，峡谷绵延两百公里。怒江流域居住着藏缅语族的傈僳族、怒族、独龙族等少数民族。

怒江流域几乎没有平地，定居于该地区的少数民族以前依靠刀耕火种和狩猎生存，现在他们在旱地上种植玉米、荞麦、花生和番薯，在梯田里种植水稻。但是因为耕地几乎都在斜坡上，所以产量不高。而且怒江急流阻断了交通，限制了人的流动和物的流动。因此，生活于该地区的人们在中国属于贫困人口。傈僳族当时人口约 57 万,定居于云南省各地区,其中在怒江流域居住着 17 万;怒族当时人口约 2 万,几乎都定居于怒江流域,与傈僳族杂居;独龙族当时人口约 5 千人,在这三个少数民族中人口最少,其居住地靠近西藏自治区,定居于独龙江流域的河谷地带,海拔在 1 000～4 936 米间,其居住地的自然条件在这三个少数民族中最为严酷。

这三个民族的人口比分别显示了各民族经济力量的强弱,怒江流域是傈僳族自治州,傈僳族是主体民族,其耕地多在条件较好的平坝地区,正因为自然地理条件好,所以能养育更多的人口,人口最少的独龙族居住在与外部隔绝的独龙江流域,这种严酷的自然条件,就决定了他们最贫穷。

这三个民族的语言都属于藏缅语族,正如该语族的大多数民族被迫迁入中国西南地区那样,他们也在很久以前迁徙到了怒江流域。现在,他们散居于怒江流域、独龙江流域的河谷地带和高山腹地,他们本来就是以刀耕火种和狩猎为生的山地民族,定居后对土地的眷恋并没有稻作民族那么强烈。

因为宾馆等旅游设施有限,在我们进入怒江流域的几年前,那里曾是不开放地区,外国人不能进入。但即使是开放,外国人也只能在政府官员陪同下作有限的采访,这是在中国特别贫困地区作调查时对外国人的保护。第二次世界大战时日军从缅甸入侵该地区,给他们造成了极大的灾难,人们的对日感情未必是好的,当地的政府对日本人调查团也很谨慎。也就是说,虽说是文化考察,但是当时如果没有当地政府的同意是很难进入该地区的,我们能成行,完全要感谢著名的神话学家云南大学李子贤教授的安排。

我们从大理出发,驱车一天到达怒江边的六库镇,六库镇是怒江州政府、泸水县政府的所在地,我们在那里与文化局的向导汇合,在其陪同下向河流湍急的怒江上游出发。我们在六库镇歇了一晚,第二天沿着怒江边的泥土路开了约 200 公里,到了目的地贡山,沿途可见前文所说的在怒江边险峻的悬崖上豁命耕种的玉米地。

途中,我们见到了横跨怒江的溜索桥,溜渡者把特制的座椅吊在绳索上,人坐在座椅上,借助绳索的倾斜度,溜向对岸,速度快得惊人,很惊险。

溜渡者怀中都抱着行李,有的甚至抱着猪。我不禁感慨万千。这就是那座"风之桥"啊!"风之桥"是 NHK 制作的纪录片的题目(1996 年新春特集"风之桥"——生活在中国云南大峡谷的人们),它拍摄了居住于怒江流域的少数民族的生活。怒江上很少有桥,在没有桥的地方,人们在两岸拉上钢缆渡河。在溜索上溜过去时,溜索会发出把风阻断的声音,因此,NHK 把它命名为"风之桥"。我在看"风之桥"这个电视节目时就想一定要去看看实景,现在实现了这个愿望。

渡"风之桥"

这种渡河方式非常惊险,如果滑轮脱轨,或者挂着座椅的钢缆松动,人就会跌入怒江的急流中。但是既然没有桥,人们也就只能这样过河。因为河水湍急,船是无法摆渡的。现在的溜索是钢缆做的,据说在此之前是用竹子或藤蔓做绳索,那就更危险了。怒江的对岸有通往集市的道路,为了去市场交易,人们只好渡河。这种"风之桥"也是怒江流域少数民族智慧的结晶。

其实,在云南省的省会昆明市有个民族村,那里展示着定居在云南省各地的少数民族文化。我在怒江调查这项文化十年后,有机会参观了昆明的民族村,那里展示着定居于怒江流域的少数民族文化,展览馆前有个大水池,水池的两岸拉着钢缆溜索,收费后可让游客坐溜索体验。也就是说,这座"风之桥"对少数民族的人来说是旅游资源。我觉得如果把游客带到怒江,大家坐在吸引眼球的"风之桥"上(在保证安全的前提下),怒江人也能获得丰厚的旅游收入。总之肯定会有人想到这个旅游项目的,那么,依靠怒江旅游使当地人过上好日子的一天肯定会到来。

建在民族村里的"风之桥"

二、怒江流域的创世神话

我们沿怒江而上,终于到了贡山县县城,那里可以说位于道路的尽头,据说当时再往前走50公里就无公路了,只能骑马前行。那里确实靠近西藏了,我们看到很多藏族人,早餐有酥油茶。

我们以贡山县为基地,调查了傈僳族、怒族、独龙族的神话,采集到的几则神话都是洪水神话。我们分别采录了上述三个民族的神话,这些神话虽然有些细微的差别,但其内容大致相同。不过,我感兴趣的是神话的最后部分,它讲述了该民族现况的起源,三个民族的神话都相同。

下面首先介绍独龙族的洪水神话。

很久以前,既没有天地,也没有人,只有天神。后来天神造了天地和人。人在地上劳动,过日子。(这一段是唱的,以下是用汉语讲述的。)

天神创造天地后,人口逐渐增加了。有一年,下了九天大雨,洪水爆发了。下雨后山上长出了很多蘑菇,兄妹两人与其他人一起去采蘑菇,其他人采满了一篮蘑菇,但兄妹俩无论怎么采都采不满一篮,不知不觉间已采到了山顶。第九天,洪水涨到兄妹俩的脚下,其他人全被洪水冲走淹死了。兄妹两人在山顶度过了三天,水涨到了他们的脚下,他们把织布用的梭子放在脚前抵挡洪水,水流过梭子的九个缝隙。因为没有食物,哥哥生吃了被洪水淹死后漂来的动物,妹妹却不敢生吃。哥哥把生肉放在石板上晒干后给妹妹吃,但因为里面还是生的,妹妹还是不肯吃生肉。麂子在水里泡了九天,肚子上的皮已变薄变软。兄妹两人看到苍蝇在悬崖上搓脚,他们受此启发,用八根藤条编了绳子,在石头上擦绳子生火,第一次失败了,第二次成功地取得了火种,从此,他们用火烤肉吃,妹妹就能吃到肉了。

九天后,水退了。但是,泥土还很软,人不能下去。兄妹等地面干硬后才下了山。因为没有食物,他们就剥去动物尸体的皮,吃其肉。又因为没有竹木,不能建房子,兄妹只好住在岩洞里。他们每晚分开睡,但到第二天早晨醒来却发现两人躺在一起。他们害羞地互相责问对方为什么躺到自己身边来。第二天晚上,两人在中间砌了石墙,分别躺下,但到早晨又发现两人睡在一起。第三天,他们分别躺在一块大石头的两边,石头的中间下凹,里面有水。次日,凹石中间的水丝毫未变,但两人又躺到了一起。哥哥说："世上只有我们兄妹俩,如果神意要我俩结婚,就让泼到石板上的水变成九条河吧。"说完这句话,泼到石板上的水真的变成了九条河,兄妹就按神意结婚了。他们婚后生下九男九女,孩子们长大后都要争做"老大"(官人),不断地吵架。父母亲说:"我们是洪水后幸存下来的人,你们不要吵架,要和睦相处。"但是,这种说教一点效果也没有。于是,父母亲让孩子们比赛射箭,约定用箭射穿石板者当"老大",不能射穿石板者当老百姓。大哥大姐(汉族)射穿了石板,其他兄妹都失败了。因此,大哥大姐往东去做了皇帝,他们带走了良种,所以粮食产量高,其他民族的作物种子不好,粮食产量低,所以贫穷落后。

　　大哥大姐往东去做了皇帝,二哥二姐去了缅甸,三哥三姐留在独龙江,四哥四姐去了缅甸,五哥五姐去了金沙江,六哥六姐去了缅甸,七哥七姐去了澜沧江,八哥八姐去了缅甸,九弟九妹留在怒江。大家分别前,父母亲对老二到老九兄妹姐弟说:"大哥大姐成功地射穿了石板,所以当了皇帝,你们当了百姓。以后要好好地听皇帝的话。"所以,少数民族现在也听汉族和国家的话,汉族和少数民族都是兄弟。(讲唱者:约翰,65 岁,爬坡村,独龙族。)

采访中听取独龙族老人神话

　　这是流传于中国西南少数民族地区的典型的洪水神话,这则神话讲到最初天神创造了人,但脱落了造人后到洪水暴发前的情节,洪水后唯一幸存下来的兄妹忍饥挨饿,以漂流下来的动物尸体充饥,住在岩洞中,这很有独龙族的神话特色。当地人说,独龙族在50年前过着穴居生活。介绍独龙族的文章也强调,与其他民族相比,独龙族过着前近代式的生活。独龙族居住于自然条件那么严酷的地方,洪水神话中描写的幸存下来的兄妹的生存方式,简直可以说不是神话,而是严酷现实生活的写照。

　　这里引人注目的是画线部分,它通俗地讲述了汉族与少数民族的优势与劣势。汉族用弓箭射穿了石板,带走了良种,最后成为统治阶层,其他民族贫穷,特别是独龙族,只好生活于独龙江流域。这也是讲述自己不如汉族的起源神话。我把它称为"讲述自我不足的神话"。这种情况还见于其他少数民族的神话中。

　　我们还调查了怒族的洪水神话。下面介绍其中的一部分,它讲述了洪水泛滥后,幸存下来的兄妹结婚生子的故事。

　　　兄妹生下九男九女,他们想从中选出一个来当皇帝。长子是汉族,聪明,会用筷子,父母就让长子当了皇帝。次子常玩树叶(把经书写在树叶上),因此去西藏学习佛经。其他孩子成了普通百姓。第九对男女是怒族,父母亲对他们说:"其他兄弟姐妹都自立了,你们也要自立。"于是,父母亲给了他们玉米、粟、荞麦、麦等杂谷种子,还给了狗、马、猪、蜂等作为家畜,并叮嘱说:"不管碰到什么都不要回头看,一直往前走。"当听到马蹄声时,他们往后看了一下,马就受惊跑掉了,所以怒族不养马。但是他们抓住了猪、狗、山羊、鸡,所以怒族现在也饲养这些家畜。他们把从父母亲那里分到的蜂养在竹桶里,但是他们打开竹桶看时,蜂跑到了山上,变成了岩蜂。他们从父母亲那里分到了杂谷,但是没有分到稻谷。不过,狗把稻种藏在尾巴上,带给了怒族。(在贡山县文化局,根据三位怒族老人[2]的讲述记录)

这则神话说,"长子是汉族,聪明,会用筷子,父母就让长子当了皇帝。次子常玩树叶(把经书写在树叶上),因此去西藏学习佛经。其他孩子成了普通百姓。"是否聪明,并会用筷子,成了能否当皇帝的理由。我们也可以理解为,因为怒族自己不聪明,不会使用筷子,所以只好生活于现在这样的地方。

贡山县文化馆彭义良馆长(怒族)1983 年 6 月曾召集民间艺人开过座谈会,他把从几个歌手及讲述者那里听到的神话翻译成汉语,记录在笔记本上,编辑成了一个完整的洪水神话。该神话也讲述了自己的"不足"。整个故事很长,在此省略前半部分,下面从洪水后唯一活下来的兄妹结婚并生下孩子的部分开始介绍。

　　大哥大姐穿着棉布衣,成为汉族;二哥二姐披着山羊皮,成为藏族;三哥三姐披着蓑衣,成为彝族;四哥四姐穿着桶裙,成为傣族;八哥八姐裹着床单似的布,成为怒族;九弟九妹穿着绑带似的衣服,成为独龙族。鬼被石头砸碎,成了吸人血的牛虻、蚊子和苍蝇。后来,九对男女住房不够了,哥哥去砍树,妹妹去割草。妹妹在割草时手指被草划破了,血滴了下来,那里长出了荞麦穗和粟,因此,荞麦杆是红色的。妹妹带着九个孩子去割茅草,草堆得像山一样高。哥哥带着九个孩子去伐木,木头堆得像山一样高。兄妹用这些草木开始建房,大哥大姐住一楼,二哥二姐住二楼,三哥三姐住三楼,四哥四姐住四楼,造八楼时,八楼的喊声传不到下面,上面喊"拿木头来",下面却递来草,上面喊"拿石头来",下面却递来泥浆,所以,八楼、九楼没能盖起来。八哥八姐、九弟九妹就到怒江附近建茅草房住。父母亲因八哥八姐、九弟九妹没房住而觉得可怜,想去找火种给他们。妹妹往太阳下山处找,哥哥往月亮升起来的方向去找火种。妹妹翻山越岭来到了嘎瓦格布山腰,在往山顶爬时,突然大石头滚了下来,石头与石头相碰溅出了火花,妹妹看后非常高兴,不顾手足划伤,爬到了那块石头处,捡起那两块石头摩擦,石头刹刹地冒出火花。妹妹拿着那两块石头正要下山时,听到有神说:"如果你把那两块石头带给人类，你将变成嘎瓦格布山的石头。"妹妹回头往山顶上看了看，发现那里已被白雾笼罩，什么也看不见。妹妹在心里想，如果能把火种带到怒江边，那么死也无所谓。她飞也似地跑到了八哥八姐、九妹九弟住的茅草房。那间茅草房里马上升起了一缕青烟。大家正在欢庆时，天空中突然冒出一团黑云，妹妹被风卷到天上，她大声疾呼："你们要记住啊，妈妈将变成嘎瓦格布山顶上的岩石。"哭声渐渐远去，小得听不见了。人们从此再也没见过妹妹。哥哥回来后听说了此事，决心去寻找妹妹，他走到了嘎瓦格布山，在山顶上看到了头发蓬乱的一块岩石，他伤心地抱着石头哭泣起来，他的泪水变成了一潭湖水。他跪在妹妹变成的石头旁，自己也变成了石头。他们是怒族的祖先。

几年后，大哥大姐沿金沙江，二哥二姐沿怒江，三哥三姐沿澜沧江，四哥四姐沿伊洛瓦底江迁徙，离开了家乡。九弟九妹搬到了独龙江，成了现在的独龙族。八哥八姐留在怒江附近，成了怒族。<u>所以，怒族和独龙族没有住过高楼，现在也只好住木头房子。</u>

这则神话讲述了第八对男女成为怒族祖先、第九对男女成为独龙族祖先的起源故事。有趣的是，他们从洪水神话的最后部分来寻找衣服、住房等现实生活中实物起源的根据。

特别是关于住房，"怒族和独龙族没有住过高楼，现在也只好住木头房子。"其理由是孩子们在建房时，"八楼的喊声传不到下面，上面喊'拿木头来'，下面却递来草，上面喊'拿石头来'，下面却递来泥浆，所以，八楼、九楼没能盖起来。八哥八姐、九弟九妹就到怒江附近建茅草房住。"这则神话中说因为他们要建的楼层高，所以不能很好地传递建房屋的材料，我们可以把它解读为，因为他们居住在边境地区，所以不能住满意的住房，楼层数又可以理解为各民族的序列。大哥大姐住一楼，表示他们是汉族，在序列中排第一位。原定八楼、九楼住怒族和独龙族，他们离住在一楼的汉族最远，位居汉族之下，住在贫困的边境地带。

　　怒族和独龙族的起源神话通过与汉族的比较,讲述了自己民族的不足。那么傈僳族怎么样呢? 我们向傈僳族老人采录了神话,但是,该神话并没有讲述傈僳族不如汉族的内容。那位老人讲的神话内容太短,只好由神话学家李子贤教授来做补充说明,这则神话似乎参考作用不大。

在傈僳族村寨采录神话

　　李子贤教授在 1990 年报告的傈僳族创世神话[3]中说,"兄妹结婚生下了六男六女,兄妹长大后,一对往北走,成了藏族;一对往南走,成了白族;一对往西走,成了克钦族;一对往东走,成了汉族;一对走到怒江,成了怒族;一对留在父母身边,成了傈僳族。"这则神话没有通过与汉族的比较讲述傈僳族自己的不足。

　　此外,君岛久子著的《中国的神话》[4]中记录了傈僳族的创世神话。这是吟唱傈僳族创世纪的长篇叙事诗中关于人类起源部分的忠实于原文的翻译。

　　(略)

　　那年庄稼收成好,

　　是多么值得庆贺的日子啊!

两人想生男孩，

两人欲生女孩。

生了九个男孩，

生了七个女孩。

七人成了七个家，

九人建了九个家。

七人操七种语言，

九人讲九种话语。

一人成了傈僳族，

他说的是傈僳语。

一人成了汉族，

他说的是汉语。

一人成了怒族，

他说的是怒语。

一人成了独龙族，

他说的是独龙语。

一人成了藏族，

他说的是藏语。

一人成了彝族，

他说的是彝语。

一人成了白族，

他说的是白语。

天下人皆生于同一个瓜，

人类繁荣，遍及大地，

活力充满山谷。

　　这则神话也没有通过与汉族的比较讲述本民族的不足。相反，傈僳族的顺序排在第一位,其次才是汉族。如果这一顺序有特定意义的话,那么,我们也许可以理解为傈僳族优于汉族,其地位高于汉族。当然,仅仅根据这些材料,我们不能做出结论,但从这几则神话来看,傈僳族确实没有与汉族作比较讲述自己不足的神话。

不过,傈僳族也有与纳西族相比较讲述自己不足的神话。川野明正先生给我提供了陶云逵发表在《碧罗雪山之栗粟族》[5]上的资料,该资料记载了新中国成立以前在中华民国时期采录的傈僳族的创世神话。该神话的最后部分通过与纳西族的比较,讲述了自己为什么没有文字的故事。现引用如下:

　　上古洪水滔天时,地上的人都死光了,只剩了兄妹两人,兄名 A-hang-p'a,妹名 A-hang-ma,带着一条狗,流落在一个岩洞内。因为大地为水淹,没有粮食,即命狗到天神处,讨谷粮食种子。天神就将粮种纳入狗耳内,带回崖洞。狗一摇头,粮种自狗耳掉出,落入土,随后即生出各样粮种:其中有瓜秧一棵,结一大瓜。有一天,闻瓜内有叫喊声,两兄妹不由害怕,向天叩头求救。忽自天上,掉下一把刀来。他们两兄妹掌着刀割开瓜一看,由内出来五个人,三个白人,一个黑人,一个生翅膀的。三个白人就变成了栗粟。一个黑的变成了那希,丽江的么些,有生翅膀的那一个,在开瓜时一怕,飞跑到山崖上,变成鬼,世上有鬼,自此始。后来天上遣下一神来,教给他们识字,三个白人(傈僳族)所学来的字,写在一块天赐的皮子上。那个黑人将所学的字写在石头上。天神上天。随各走去,那三个白人同在一起去走,一个黑人另去一处。可是三个白人,行到途中饿了,找不着东西吃,饿得无可奈何,就将带着字的皮子吃了。学来的字只是会说不会写,黑人学的字写在石头上,忘了的时候,就看看石头。所以傈僳现在会说不会写,无文字。

这则神话中傈僳族通过与纳西族的比较讲述了自己没有文字的原因。这可能反映了傈僳族曾经被纳西族土司统治的历史。这样,傈僳族也有与其他民族相比较讲述自己不足的神话。不过,这里值得注意的是,它并不是像怒族和独龙族那样与汉族相比较来讲述自己的不足。

三、讲述自己不足的神话

怒族、独龙族和傈僳族为什么硬要在神话中讲述自己的不足呢? 其实,这种在神话和民间故事中讲述自己不足的情况在其他少数民族中也是很常见的。例如,樱井龙彦根据《阿昌族社会历史调查》(云南民族出版社,1983.)中收录的故事,介绍了阿昌族讲述自己失去土地的原因[6]。

> 现介绍如下:人类始祖是从葫芦里生出来的九种蛮夷民族,其中长子成为景颇族和阿昌族(都是藏缅语族民族),住在山上。但是,这两个民族后来分居了。老二是汉族,住于山腰。老三是泰族(壮侗语族民族),住于山间盆地。他们为了区分彼此的居住地,汉族立石为界,泰族掘穴为界,阿昌族结草为界,景颇族打木桩作界标。后来野火烧了原野,汉族和泰族的界标没有烧掉,保持了土地,但是,景颇族和阿昌族的界标是用草和木头做的,被烧得一干二净,所以他们失去了土地。

阿昌族和景颇族是山地民族,过着贫困的生活,和他们相比,汉族和泰族过着富裕的生活,他们在神话故事中讲述了比汉族缺少土地的原因。这种讲述方式与怒族、独龙族讲述住茅草房的神话是类似的。樱井龙彦说,"使用易燃或易风化腐烂的草木,象征着该民族的末路。"我认为用神话或民间故事来讲述本民族"末路"的方式是值得注意的。

工藤隆曾介绍了讲述自己不足的哈尼族神话。[7]他说:

> 介绍一则我自己采集到的哈尼族神话(1996 年 2 月 12 日在中国云南省红河州金平县大老塘村,66 岁的男性巫师朱发贵在自家庭院里

咏唱了这则神话）。

　　哈尼族没有山、土地和牛，一无所有。有一天，哈尼族去向阿匹沙女神要"智慧"。女神把智慧放在九个竹篮里给了哈尼族。哈尼族拿到智慧后在回家的路上玩耍。汉族也去了阿匹沙女神处，女神给了汉族九块金砖。途中，哈尼族碰到汉族，看到女神赏赐的东西不一样，觉得不公平，他说："智慧是空的，又看不见。而汉族得到的金砖可以当钱用。"于是，哈尼族求汉族，用智慧与金砖作了交换。所以，现在汉族聪明，靠智慧生存，而哈尼族没有智慧，靠干体力活而生存。

　　这则神话还继续讲述了汉族有山、土地、河川、岩石、树木、财产等，应有尽有，以及哈尼族一无所有的原因。

　　西本阳一报告说，泰国北部的少数民族拉祜族（基督教徒）也有这种讲述本民族不足的神话。西本把这种讲述形容为"自我解嘲"。[8]

　　根据西本的介绍，拉祜族在平常的讲话和神话故事中都说拉祜族是多么的低劣、笨拙，例如，"拉祜族是笨蛋，拉祜族没文化，拉祜族没建立国家，拉祜族不能和睦地过日子，拉祜族只生活于森林中，拉祜族的菜肴很寒酸。"神话中说到神给了拉祜族国家，但是拉祜王被打败了，只好服从其他民族的统治。关于拉祜族自嘲式的讲述，西本认为，拉祜族与平地上的强大民族相邻而居的民族关系史孕育了拉祜族消极的民族意识。这一说明也可以用来解释怒族和独龙族与汉族相比较讲述自己不足的神话，以及与纳西族相比较讲述自己不足的傈僳族神话。

　　我在前面从与其他民族相比较讲述自己不足的怒族、独龙族和傈僳族神话的视角，论述了这种讲述方式也存在于其他少数民族神话中的观点。为什么神话中要这样讲述自己的不足呢？下面考察其意义。

　　首先，怒族、独龙族和傈僳族拥有在与汉族和纳西族的比较中讲述本民族不足的起源神话，这些神话反映了他们持续到现在的、不那么遥远的历史记忆。汉族处于统治地位，其周边地区住着少数民族，而怒族和独龙族居住于土地贫瘠的地区，这种讲述方式确实反映了他们与汉族间的相互倾轧和民族纠纷的历史,而且这并非是遥远的古代的事。这种讲述方式并非只是在强调自己与其他民族的不同点,同时也在强调不同民族皆兄弟的观念。

从这个意义上讲,怒族和独龙族在与汉族作比较的过程中敢于用神话讲述自己的不足,这也不仅仅是在讲述他们被汉族统治的意识。历史上这两个民族曾受傈僳族的统治,曾被作为奴隶来使用,如果要反映被害的意识,那么他们在神话中应当讲述自己不如傈僳族。

但是,他们并没有这样讲述自己的神话,相对于汉族而言自己有不足之处,强调了自己是以汉族为主的多民族国家的一员。创世神话中讲述他们与汉族都是同一祖先的子孙后代,这是很重要的。创世神话讲述了他们不如汉族,这也是在讲述被汉族统治的意识,同时也说明了与汉族是同胞兄弟的关系,确认了怒族和独龙族也是构成中华民族大家庭的一员这一民族性。

新中国成立以前收集到的傈僳族神话是与纳西族相比较来讲述本民族的不足的,新中国成立以后收集到的神话并没有与汉族相比较讲述自己不足的神话内容,这说明与汉族相比本民族有不足之处的神话讲述方式可能是新中国成立以后的事。

与汉族相比的神话讲述方式反映了近代中国把少数民族纳入统一国家中的历史事实。《中国的神话》中记载的傈僳族神话说,傈僳族、汉族、藏族、怒族、独龙族、彝族、白族等都是从同一个瓜里生出来的兄弟姐妹,以人类繁荣来结束神话。该神话并没有讲述傈僳族的不足,而是讲述了在中国这个国家中各民族共同发展、繁荣昌盛的理想,这显然是在各民族共存的基础上一起建设中国,是新中国成立以后的思想的反映。这样,洪水中幸存下来的兄妹所生的孩子们在形成统一的多民族国家中起到了应有的作用。这种讲述神话的方式也适用于讲述与汉族相比有不足之处的怒族和独龙族神话。

总之,在起源神话中,通过与汉族相比,讲述自己不足的方式确实反映了本民族被统治的现实以及险恶的自然环境,但是,这同时也讲述了少数民族纳入统一的多民族大家庭中的民族特性,其中存在着起源神话中讲述本民族不如汉族的复杂文化生态。

四、为什么要讲述自己的不足

那么,少数民族为什么要在起源神话中讲述本民族的不足呢?我认为,这些神话反映了讲述这些神话的民族的历史状况。重要的是,对讲述自我不足的少数民族来说,其所处的现实状况并不那么有利,可以说他们是用起源神话来说明不幸的现实状况的。按我们常识性的理解,神话是要追溯到神的时代的,它具有使讲述神话的人们恢复自信的作用,我们只要回想一下近代以后不幸的日本的神话教育就可知,当时被教化的日本神话强调了日本在世界上是如何优秀的民族。但是,我们在这里论述的神话并不是这样的,那种神话是在告诉听众自己不如其他民族的现实,显然是讲述自己不足的神话。当然,根据讲述方式的不同,它也能成为自己作为中国这个多民族国家一员的生存根据,但是,这种对本民族生存根据的确认没必要非讲述自己的不足不可,那么,他们为什么硬要这样讲述神话呢?

工藤隆认为,少数民族拥有在与汉族比较中讲述自己不足的神话,这是有节制的美化。神话具有将自己的起源美化后再讲述的倾向。不过,虽说是神话,它在某种程度上必须反映现实。如果乖离现实,过分美化的话,它会变成妄想,反而会成为煽动不安情绪的因素。近代日本向国民过分教育自我美化的神话,这是为了隐藏比欧洲列强弱小的自我担忧。少数民族把自己与汉族相比,没用神话讲述与汉族的战争和被迫逃到边境的历史,而是说自己不会使用筷子,不会用弓箭射穿石板,这是有节制的自我美化,他们没有煽动对汉族的憎恨,也没有妄想式地自我美化,这里潜藏着他们的智慧。[9]即,少数民族承认自己受汉族统治的现实,既不屈辱地讲述失败,也不妄想式地夸张自己的优势地位。讲述自我不足的神话中包含着微妙的均衡感。

西本阳一把拉祜族讲述自己不足的讲述方式称为"自嘲语"。西本认为,神话中自嘲语的负面性其实位于"丧失"和"恢复"这种故事结构中,用自嘲讲述的负面性可以成为"恢复"或"再生"的伏笔。

即,讲述"丧失",相反这也是促使它"恢复"能量。在这个意义上,拉祜族讲述的负面性恐怕是强调"屈辱"的"自嘲"吧!忍辱负重的负能量可转化为"恢复"力。拉祜族自我不足的讲述方式反映了拉祜族在历史上曾与汉族经历过激烈战争,在他们的言语中不能抑制作为历史记忆的"屈辱"。此外,我们必须认识到,西本考察的拉祜族是泰国北部的拉祜族,并未纳入中国国家系统中。

例如,定居于缅甸的拉祜族中流传的神话说,"拉祜族的国王把神赐的印信换成了姑娘的酥胸"。神想在某个民族中选出国王,把印信作为证据给了拉祜王,但是掸族不服,把一个姑娘送给拉祜王做佣人,拉祜王的肘臂碰到了姑娘的酥胸,姑娘哭个不停。国王不知所措地问她要什么,姑娘说要印信,国王就把印信给了她。从此,掸族王当了国王,所以现在的拉祜族成了异民族的佣人。[10]

据说,该印信是中国皇帝把统治权放给土司的证据,掸族土司持有该印信,拉祜族在汉族追赶下往南迁移,不得不在掸族统治区生存。这则神话反映了那种负面的历史。我们不知道如果是定居于中国国内的拉祜族,因为民族团结的国策,是否会采用"成为异民族的佣人"这种讲法。此外,"本来是国王"这种讲法也与怒江流域的少数民族不同,它隐含着敢于讲述"屈辱"、不要忘了曾经有过国王的民族史的含义。

这样看来,神话中自我不足的讲述方法也不能一概而论。我从怒江考察回来就写了《讲述自我不足的神话》这篇论文,关于生活在严酷环境中的怒江流域少数民族讲述的自我不足,我做了以下记述:

> 这里用"宿命"这个词也许太草率了。但是,当地的少数民族十分了解自己居住的怒江流域自然条件之险恶,了解外部世界至少比自己的居住地富饶。尽管如此,他们不能离开这块土地。现实是他们被编入汉族为主体的中国,除了在此地勤劳致富外,不能靠迁徙到别的国家来解决这个问题。在洪水神话中讲述自己的不足,这是他们接受目前

现实的方法之一。汉族或许是他们难以迁徙的现实的象征,他们把难以迁徙的客观现实再构建成神话中描绘的现实,这才是讲述自己不足的神话内容。即使其中有很多曲折,那也是"宿命"的确认。[11]

其实,我写完这篇文章后过了好几年,亚洲民族文化学会与云南大学于2005年在怒江州州府六库镇联合举办了"首届怒江大峡谷民族文化暨第三届中日民俗文化国际学术研讨会"。在该学术会议上,我与工藤隆宣读的论文都论述了讲述怒江流域不足的神话,我是以以前写的论文为基础来宣读的,宣读时删除了前述引文中的"宿命"一词。工藤隆听完论文后问我为什么不用"宿命"的说法,这说明工藤隆读过我以前写的论文,还记着"宿命"一词。

当时我不能做很好的回答,说老实话,我对"宿命"的说法确实多少有些犹豫。其理由是,我担心"宿命"这种说法有像"命运"决定论那样的意味,容易被理解为对西方文化的对立概念。我虽然没那种意思,但也不能说没受到后现代主义思潮的影响,这种思潮主张批判性地反思可自主选择未来的西方近代价值观。我如果用"宿命"来解释某种文化,那就太强调把它作为西方价值观的对立概念了。如果简单地使用这个术语,反而会硬把讲述自我不足的神话塞进反西方价值观的故事中,容易使解释乖离实际。即,我认为还需要斟酌。不过,尽管如此,我也认为讲述自我不足的神话中可见到"宿命"的心境。问题是讲述这种神话时的方法。

其实,这种讲述自我不足的方法是某种"套话"的讲法。例如,傈僳族在与纳西族的比较中说,自己因为把文字写在动物的皮上,饥饿时把它吃掉了,所以不会写字。这种讲述方法是讲述自我不足时的套话,是陈旧的腔调。傈僳族用某种套话来讲述自己的不足,其实,其他民族也一样。这是怎么一回事呢?讲的不就是"套话"吗?

它是这么一回事。假设有个民族受到了心理创伤,为了不成为神经官能症而与心理创伤相妥协,需要给心理创伤一个说法。那就是诱导出无意识下的心理创伤,但很难给它一种恰当的说法。如果过于自虐,就会像现在的日本那样反而出现"自虐史观";如果太敷衍了事的话,会害怕心理创伤。这时候,如果要给它一个说法,按照能适当平衡地表述他们不足的某种套话去讲就行。例如,汉族能用弓箭射穿石板而其他民族射不穿,汉族能用筷子,会写字,按这种老一套的腔调就能讲述自我不足。工藤隆把讲述自我不足的神话评价为有节制的美化,而我认为那是神话的套话所拥有的力量。

套话使他们重新确认自己的不足。但是,另一方面,那也只是套话而已,并不是说该套话讲述了民族固有的真实性,在他们必须面对心理创伤这个意义上,神话中讲述的不只是心理事实。在套话上,对他们来说,它只是讲述自我的一个模式化的故事而已,因此,如果把它看成是"宿命"性地在讲述不足,那是被选择的讲述套话的腔调的问题,不能简单地定论为他们的主体意志决定与西方的价值观相反。即使可以作那样的评价,我们也必须理解选择那种讲法的心理更为复杂。即,假设是那种套话的讲述腔调的问题的话,根据讲述自我不足的讲法而认为理解了那个民族,那当然也是很危险的。

例如,以西本阳一报告的拉祜族神话为例,讲述者的自嘲语是公开场合的言语,其实,在私下的酒宴等场合,拉祜族的负面性被颠倒过来,反而作为拉祜族的民族同一性而得到夸耀。拉祜族自嘲地说自己没智慧时,有智慧的人指的是识字的知识分子,所以,自嘲语其实也有几分知识分子自嘲本民族无知识的意味,作为对它的反击,普通人在私下的酒宴上,会夸耀这种一直被作为自嘲对象的、不需要文字的、居住在森林中的、以自然为伴的生活。[12]

这是很有趣的事,如果把自嘲语作为知识分子讲述的老套话,在私下的酒宴上,作为对套话的反击,会出现别的言论(即使那也是别的套话)。这种不按照套话来讲的情况,在怒江流域的少数民族中当然也是可能存在的。我们对此必须铭记于心。

但是,即便如此,这种套话被选择这一事实是很重要的,因为它讲述着该民族所处的状况。

至此,我对讲述怒江流域自我不足的神话做了多方面的论述,下面作如下结论。

首先,怒江流域的怒族、独龙族、傈僳族的洪水神话(起源神话)中具有反映历史意识的成分,其内容是洪水后唯一幸存下来的兄妹的子女分散到各地,成为中国各民族的祖先,特别是怒族和独龙族,他们通过与汉族的比较讲述了本民族的不足。

其次,与占统治地位的民族作比较讲述本民族的不足,这是把本民族所处的难以改变的负面现实再构建到神话所赋予的现实中,这种重构是因为通过它可以直视心理创伤,可以接受自己所处的难以改变的现实。不过,这种重构是通过讲述自我不足的套话来完成的,因此,我们必须注意,讲述自我不足未必真实地反映了该民族的内心心理。

总之,不得不讲述本民族不足的民族历史上既没有建立过国家,也没有统治过别的民族,是没有得到富饶大地的民族。我们认识到社会上存在着这种没建立过国家的、处于被统治地位的民族的神话讲述方式,特别是对居住在难以抑制统治其他国家和民族欲望的日本这个国家的人来说,其意义是巨大的。

注释

[1]　1997 年怒江流域少数民族文化调查团成员如下:
　　　　日方成员:工藤隆(代表)、工藤绫子、冈部隆志、远藤耕太郎、辰巳正明、今井俊哉;
　　　　中方成员:李子贤(云南大学教授)、张正军(云南大学副教授、翻译)。
[2]　讲述者:施文兴,男,65 岁,怒族,贡山县丙中洛乡日丹村,原县政协主席。
　　　　　　　熊燕革,男,57 岁,怒族,贡山县丙中洛乡双拉二社,村长。
　　　　　　　干马为再,男,65 岁,怒族,贡山县丙中洛乡,喇嘛僧。
[3]　李子贤.云南少数民族神话选[M].昆明:云南人民出版社,1990.
[4]　君岛久子.中国的神话[M].东京:筑摩书房,1983.
[5]　陶云逵.碧罗雪山之栗粟族[C]//国立中央研究院历史语言研究集刊(第 17 本),1948.
[6]　樱井龙彦.屹立于境界的标柱[J].日中文化研究(创刊号).东京:勉诚社,1991(04).
[7]　同注 5。

[8]   工藤隆.大和少数民族文化论[M].东京：大修馆书店,1999.

[9]   西本阳一.北泰·基督徒·拉祜族的民族关系的经验和自嘲语[J].民族学研究 (64-4),2000(03).

[10]   工藤隆.日本——从万物起源的古代开始阅读[M].东京：勉诚出版,2007.

[11]   Kya leh.拉祜族的故事——缅甸山区少数民族的神话传说[M].片冈树,译,东京：雄山阁,2008.

[12]   冈部隆志.中国云南省怒江流域的创世神话——讲述自己不足的怒族、独龙族神话[J].共立女子短期大学文科纪要(四十五号),2002(01).

[13]   同注 9。

照叶树林文化带神话传说中的食物研究

    本文根据笔者对中国西南少数民族地区的调查资料和已出版的与少数民族神话传说有关的文献资料,论述中国西南少数民族地区流传的神话传说所描述的照叶树林文化带中的代表性食物。

    照叶树林文化论是中尾佐助提倡的崭新的日本文化起源论[1],照叶树林文化带分布于喜马拉雅山脉南麓、印度阿萨姆地区、东南亚北部山区、云南高原、长江流域的山区、日本西部地区,那里存在着以橡树类植物为主的共同的生活文化。照叶树林文化论把中国西南地区的云贵高原作为照叶树

粽子和鱼饭寿司(摄于西双版纳的菜市场)

与日本一样的豆豉(傣族餐厅)

蒸馏酒作坊(佤族村)

林文化带农耕文化的中心,是日本的稻作和杂谷栽培的起源地。照叶树林文化带中共同的食物有:芋头、山药等芋类,小米、荞麦等杂谷,稻米中黏性高的糯米、年糕、糯米小豆饭、粽子等食品,豆酱、豆豉等发酵食品,饭和鱼肉叠起来自然发酵而成的鱼饭寿司等。在精神文化方面,那里有类似的神话,有以结婚为目的的未婚男女对歌等。

照叶树林文化论把云南作为日本文化的起源地,认为稻作起源于云南。但是近年来学术界对这种理论提出了不同意见,最近的研究成果认为长江中下游地区是稻作的起源地,否定了云南起源说,以云南为农耕中心的照叶树林文化论失去了一时的优势。不过,也有人认为长江流域也是照叶树林带,从广义上来说,稻作文化也是照叶树林文化,照叶树林文化论并没有失去其重要性。[2]

照叶树林文化的共同特征之一是以刀耕火种农耕为主的高原地带农耕文化。从这个意义上讲,它可追溯到日本的绳文时代。但是,日本的绳文文化以日本东部地区为中心,那里不属于照叶树林文化带,照叶树林文化不能与日本的绳文文化相关联。因此,佐佐木高明又提出了"枹栎林文化论",把亚洲的北方地区纳入研究视野,在绳文文化中探寻枹栎林文化与照叶树林文化的复合影响。[3]但是,不管怎么说,佐佐木指出了亚洲的照叶树林文化与日本绳文文化的共性,其意义是巨大的。

上面概括介绍了照叶树林文化论,下面探讨照叶树林文化带中的刀耕火种农耕文化如何反映在该地区传承的神话故事中的问题。

中国西南地区位于照叶树林文化带,那里少数民族传承的起源神话有共同的特征,与日本神话也有类似性。它被称为洪水神话,虽然因传承的地区和民族不同而有所差别,但其故事情节大致如下:

(1)洪水暴发,人类灭亡;

(2)兄妹俩幸存了下来;

(3)兄妹俩结婚,成为人类始祖。

但是,彝族、纳西族的神话中说幸存下来的不是兄妹俩,而是一个男子,他与仙女结婚,生下来的孩子成为人类始祖。在这种难题求婚型故事中,仙女的父亲是天神,他出了难题,男子在仙女的帮助下解答了难题。

很多神话说是大洪水淹死了最初创造的人类。但苗族等民族的神话说有个人与雷公打斗,把雷公关入铁笼里。看守雷公的兄妹同情雷公,把它放走了。雷公为了复仇,发起了大洪水,放走雷公的兄妹在洪水中幸存了下来,这两兄妹一开始时忌讳兄妹婚,后来经过占卜才同意结婚。[4]

这些起源神话的细节部分出现植物、动物、谷物等食物,如果调查这些食物,笔者认为可以在某种程度上看到传承这些起源神话的民族的生活文化。

1997 年笔者考察了居住于云南省怒江流域的少数民族,收集了起源神话,这里想先考察神话中出现什么样的食物。怒江流域居住着傈僳族、怒族、独龙族等少数民族,这些都是藏缅语族民族。怒江发源于青藏高原的唐古拉山南麓的吉热拍格,流入缅甸后改称为萨尔温江,云南省境内怒江大峡谷两岸的山岭海拔均在 3 000 米以上,那里的少数民族定居于怒江两岸陡峭的山岳地带,曾经以狩猎和刀耕火种为生,现在已经定居下来。那里是中国的内陆地区,可以说是最贫困地区之一。

怒江流域少数民族的起源神话是洪水神话,它与其他地区洪水神话的共同点是,洪水消退后,只有一对兄妹幸存下来,他们忌讳结婚,后来通过神卜结婚生子,这些孩子成为各民族的祖先。下面笔者以怒族的起源神话为例,阐述兄妹婚后生下来的孩子成为各民族祖先的神话母题。

> 长子是汉族,聪明,会用筷子,父母就让长子当了皇帝。次子常玩树叶(把经书写在树叶上),因此去西藏学习佛经。其他孩子成了普通百姓。第九对男女是怒族,父母亲对他们说:"其他兄弟姐妹都自立了,你们也要自立。"于是,父母亲给了他们玉米、粟、荞麦、麦等杂谷种子,还给了狗、马、猪、蜂等作为家畜,并叮嘱说:"不管碰到什么都不要回头看,一直往前走。"当听到马蹄声时,他们往后看了一下,马就受惊跑掉了。因此,怒族不养马。但是,他们抓住了猪、狗、山羊、鸡,所以怒族现在也饲养这些家畜。他们把从父母亲那里分到的蜂养在竹桶里,但是他们打开竹桶看时,蜂跑到了山上,变成了岩蜂。他们从父母亲那里分到了杂谷,但没有分到稻谷。不过,狗把稻种藏在尾巴上,带给了怒族。[5]

神话中通过与汉族的比较,讲述了本民族贫困的原因,我把它称为讲述自己不足的神话,这种神话常见于少数民族神话中。他们在神话中这样反映与汉族的历史关系,其意义在于用起源神话讲述自己的负面性,这点值得引起注意。

这则神话中画着横线的部分描述了食物,即,"父母亲给了他们玉米、粟、荞麦、麦等杂谷种子","他们从父母亲那里分到了杂谷,但没有分到稻谷。不过,狗把稻种藏在尾巴上,带给了怒族"。这些记述反映了现在怒族农耕栽培的实际情况。我们在采访中获悉怒族在海拔较低的怒江河谷种植水稻,但当地种植水稻是近十多年的事,本来是刀耕火种的旱作农耕,他们没从父母亲那里分到稻种,这就是该情况的反映。狗在尾巴上藏稻种,这可能是后来附加上去的。其他少数民族的稻作起源神话很多也讲述狗把稻种藏在尾巴上,从天上带到人间。笔者认为这则神话受到了其他少数民族稻作起源神话的影响。玉米原产于美洲大陆,16世纪左右才传入中国,是适合在刀耕火种的火烧地上种植的作物,它经常出现在起源神话中。父母亲给了"粟、荞麦、麦等杂谷种子",这反映了照叶树林带刀耕火种的杂谷文化。

我们还收集到了其他一些流传于怒江流域的洪水神话,在这些神话中,兄妹是在葫芦中躲过洪水的劫难而幸存下来的。在葫芦中躲过洪水的神话不仅流传于怒江流域,也是其他少数民族神话中的共性。此外,另有一则怒族的洪水神话讲到,兄妹俩结婚后第十年种了南瓜,南瓜成熟后从里面生出了孩子。南瓜也是在起源神话中常见的食物。

苗族的洪水神话中讲到,洪水泛滥时兄妹俩坐在南瓜中幸存了下来。[6]南瓜与玉米一样,原产于中美洲一带,它在温度低冷的高原地带也可以种植,营养价值很高,因此出现于起源神话中,与葫芦一样被添加了神话般的幻想色彩。

定居于四川省大凉山的彝族也传承着很多起源神话,那里彝族的村寨里有从事宗教活动的毕摩,他掌管村寨的宗教活动,传承着神话。工藤隆调查了大凉山的彝族神话,在调查报告《四川省大凉山彝族神话调查记录》[7]中记录了有关谷物起源的神话。

谷种是天神的女儿嫁到人间时盗来的,那时盗来了芜菁和甜荞(从前大凉山不种水稻,所以神话中不说盗来的是稻种)。因为盗来芜菁和甜荞,惹怒了天神,所以甜荞不是这里的主食,芜菁经水一煮,会变成水(指煮熟的芜菁会变成黏糊状)。这里虽然种植萝卜,但长不大。因为惹怒了天神,所以这里的人从来都吃不饱,收成不好。12种(概数)种子自己从天而降,最先落下的是苦荞,苦荞种最先播种在突而山上。

《勒俄特依》是在大凉山彝族中传播的创世神话。这则创世神话很长,洪水神话中讲述的不是兄妹婚,而是幸存下来的年轻人与天神的女儿结婚。定居于天界的仙女来到人间,嫁给这个年轻人,盗来天上的谷种。工藤隆采录到的神话是根据上述彝族创世神话的内容讲述的,翻译后的创世神话《勒俄特依》记录了以下从天界盗取谷种的内容。

　　　　三个女儿呢
　　　　黑头嫁过来
　　　　苦荞作陪嫁
　　　　撒荞于下界
　　　　荞麦三百片
　　　　苦荞为基本
　　　　白头私奔来
　　　　偷了甜荞来
　　　　花头跟了来
　　　　麻子随着来
　　　　偷了菜籽来[8]

苦荞在日本是脍炙人口的鞑靼荞麦,被大家当作保健食品来吃。它现在仍然是彝族的主要栽培植物,常出现于神话中。正如苦荞这一名称所示,它并非美味佳肴。我们从中也可以知道彝族所居住的自然环境的险恶，那里只能把苦荞这样的庄稼作为主要农作物来栽培，这些谷物起源故事也属于照叶树林带刀耕火种农耕文化的范畴。

藏族也流传着同样的起源神话。神话中说，人有九个兄弟，天上出现了九个太阳，烧焦了人间万物，只有最年幼的弟弟幸存了下来。弟弟同意娶来到人间的天神的女儿，天神的女儿带弟弟到天庭。天神给未来的女婿出了难题，要他在一天内开垦出能播种四斗青稞种子的火烧地，弟弟在天神女儿的帮助下完成了任务。然后天神又让他一天内播种下四斗油菜籽，弟弟在天神女儿的帮助下又完成了任务。在通过这一系列的考验后，弟弟终于带着天神的女儿回到人间。这时，天神的女儿在口中含了青稞和麦种各一粒，选了两粒扁豆作耳环，鼻孔中藏了豌豆种，指甲里藏了一粒荞麦种来到人间。[9]

这种某男子与仙女结婚开创了农耕的神话存在于几个少数民族的神话中，神话中天神考验女婿的内容是开垦火烧地，这种神话情节确实与照叶树林带的生活相符合。

苗族主要居住于贵州省，那里也有同一系列的民间故事。《苗族民间故事集》[10]中收集的"放羊娃达列与仙女娅茜"、"仙女夫人与两个孩子"等就是这类故事。它们不是洪水型起源神话，但可以说是仙女夫人型故事。年轻男子与天神的女儿结婚，天神给未来的女婿出难题。在"放羊娃达列与仙女娅茜"的难题求婚故事中，天神出的难题是砍完三座山、三个河谷、三块平地上的大树，在三座山、三个河谷、三块平地的火烧田上播种三石三斗三升三碗的小米种子。"仙女夫人与两个孩子"讲的是某男子与仙女结婚后，养育了两个孩子，后来仙女回到天上。孩子思念母亲，也来到天上与母亲一起生活，不久后又想回到人间。外公考验了外孙，其难题是开垦火烧田，一天内全部收回前一天播种的小米种子。苗族不同于山地民族藏族和彝族，具有稻作文化，但在这个民间故事中，我们也可以看到苗族拥有照叶树林带的刀耕火种农耕文化。

酒也是照叶树林带的食物文化之一，少数民族用自己的方法酿造酒和

蒸馏酒。这里介绍彝族酿酒故事的一个片段,工藤隆在《四川省大凉山彝族神话调查记录》中收录了"劝酒歌",其中一段如下:

酵母的起源是这样的,

酵母的出身与阴阳有关,

酵母有父母,

酵母有十六种。

在高山上培育的酵母,

是牧童拿回来的。

沼泽地生出的酵母,

是牧猪人拿回来的。

在悬崖绝壁上生出的酵母,

是牧羊人拿回来的。

这样把酵母拿了回来,

先把酵母交给爷爷,

爷爷把酵母放入谷物中酿酒。

再把酵母交给奶奶,

奶奶用酵母酿造了酒。

三天后酒就可以饮用了,

这酒还有点苦中带甜。

酒酿好后,

味道像崖蜂的蜂蜜那么甜。

做好了盛酒的酒桶,

为了让酒从酒桶下流出,需要一根管子,

找不到那根管子,

不久找到了竹筒,

把竹筒插入酒桶下面的洞孔,酒就流了出来。[11]

这种酵母酿酒术也是照叶树林带共同的食物文化。

2008 年 8 月,笔者调查了云南省佤族自治县的佤族。佤族定居于云南省西南地区靠近缅甸的边境地带,与其他少数民族不同,属于孟高棉语族的民族,不是迁徙来的外来民族,而是土著民族,是定居于山岳地带的民族。旱稻是他们的主要农作物,曾经刀耕火种,现在也能看到刀耕火种的痕迹,新中国成立后到 1960 年前一直举行猎头祈祷旱稻的丰收仪式,是以猎头祭而闻名的民族。

煎饼状的固体豆豉

我们在西盟佤族自治县主要调查了谷物起源神话故事,在力所村收集到的材料如下:[12]

Q:有没有稻米、辣椒和大豆的起源神话? 你们做豆豉吗?

A:人从司岗里出来时,有两个男人分别叫撒苏、达苏,住在这个村后的山上。他们从山上下来,想在村寨下面的旱田里种稻谷、荞麦、玉米、大豆的种子,但是,因为是小佤族,担心被大佤族猎人头,就向大佤族的女人们赠送项链,请求她们的丈夫不要猎他们的人头,这个请求被获得恩准,撒苏、达苏两人才得以在旱地里播种下谷种。因此,谷物丰收了,后代也得以栽培谷物,形成了这个村落。

Q:你们不做豆豉吗?

A:做的。去年的豆豉吃完了,现在没有了。今年因为大豆还没采摘,没做,所以现在这里没豆豉。豆豉的做法是这样的:

先煮熟大豆,盖上草,让它发酵5天直至可闻到味道。冬天的话,要5天。然后放入捣白春,一边春一边放入辣椒、味精、盐、生姜等调料,然后做成煎饼状的圆形豆豉。

在神话中,"司岗里"是佤族祖先最先居住的洞窟,人从司岗里出来后才开始形成佤族社会。大佤族是积极地从事猎头祭谷神的、势力强大的佤族村寨,小佤族是无力举办猎人头祭谷神仪式的村寨。我们在岳宋村还做了下面的调查。

Q:有稻米、谷物的起源神话吗?

A:(唱)所有的谷物都是老鼠去天上取来的,所以老鼠有权吃谷物。老鼠没有把谷种直接交给人类,它先把谷种埋在地下。蚂蟥发现了老鼠埋的谷种,钻到地下,谷物粘在蚂蟥的尾巴上被带到地上,并播种在地上。人发现后,谷种被人吃掉了,所以,蚂蟥要吸人的血,以报被人吃了谷物的仇。

现在不做豆豉了。豆豉的做法如下:

先煮熟大豆,放入袋子里,盖上叫拉吾的臭叶子,让它发酵四五天,再放入捣白春,再做成粑(像煎饼那样的东西)。要吃时,把它放在地炉上烤,放入调料就可以吃了。在捣白里春时是不放调料的。

Q:能给我们唱唱司岗里神话吗?

A:(两人合唱司岗里)我们人类本来被封闭在山上的洞窟里出不来,小米雀用嘴巴啄开山洞的出口,人才从山洞里出来,所以,小米雀可

给我们唱神话的佤族老人

以吃谷物。

在这个神话中,笔者颇感兴趣的是唱神话的人把谷物起源与小动物放在一起来颂唱这点。老鼠、小米雀对谷物来说是天敌,此外,蚂蟥也不是受人欢迎的小动物。佤族认为自己是在这些小动物的帮助下才来到人间开创自己的世界的,因此,它们对人有恩,即使谷物被它们吃了,那也是它们该得的,人即使被蚂蟥叮咬,那也是没办法的事。

刀耕火种栽培的植物产量并不是很高,尽管这样,佤族还是容忍小动物的侵害,这种与自然共生的思想体现了佤族善良的性格。另一方面,佤族为了获取旱稻的丰收举行猎人头祭,这种猎人头祭在某种意义上也是人以自己的牺牲来回报自然的行为吧。从这种神话中,我们可以看到照叶树林文化带刀耕火种农耕文化中民族精神的一个侧面。

以上笔者从定居于照叶树林带的少数民族神话中阐述了具有刀耕火种农耕文化要素的食物故事。这些神话存在于云南省怒江流域的怒族、四川省大凉山彝族、西藏自治区的藏族、贵州省的苗族、云南省的佤族中,他们都是居住于照叶树林带山岳地带的民族,曾经从事刀耕火种农耕(现在已禁止刀耕火种)。当然流传于这些民族的神话传说中会出现刀耕火种的食物,神话中出现的食物有荞麦、小米、栗子、扁豆、豌豆、麦子等,还出现了原产于美洲大陆的玉米、南瓜。其中玉米经常出现于当地的神话故事中,虽然是外来食物,但是它是适合在照叶树林带的山岳地带种植的重要作物。

实际上,云南省虽然是山岳地带,但也大量种植水稻。因为那里属于亚热带气候,所以在海拔低的平地上有很多水田。即使是高原地带,像哈尼族那样在梯田里种植水稻也是很有名的。

许多少数民族共同传承着作为起源神话的洪水神话和仙女夫人型神话,这些神话中出现了刀耕火种农耕的实况及在火烧地上栽培的杂谷。当然,很多讲述洪水型神话的民族定居于山岳地带,这些神话充分体现了照叶树林带农耕文化的特征。

此外,这些谷物来(盗)自天上也是这些神话的共同特点。其结果是,谷物的丰歉受天神摆布。仙女夫人从天上盗来谷种,带到人间,这触怒了天神。天神会使谷物变味,有时甚至带来灾害。这样讲述神话反映了刀耕火种栽培农耕很大程度上依赖于自然。

神话传说中反映的刀耕火种农耕文化可以说是人与自然关系极为密切的文化,他至少不需要像水田稻作那样系统化的栽培技术,换言之,它也是受制于自然的农耕。

如果说神话传说中的食物和农耕讲述了起源的话,那么,这种起源是人类以自然为对象,人为地再生产自然的恩惠的开始。

神话中的开头部分讲的是从天上(自然)盗取谷种。但是,天(自然)不是随便把财富赐予人类的,在严酷的自然环境中,天(自然)只给予好不容易才结果实的食物,而且,人还会碰到自然灾害,天(自然)并不经常保证给予丰收。

从神话中可见,依靠刀耕火种栽培的照叶树林带人们的生活并不是那么富裕,但是,他们爱护那些窃取一部分珍贵食物的小动物,会谦虚地从神话上解释自己生活于严酷自然环境中的遭遇,在这种神话中,我们能看到,即使是糟蹋谷物的天敌,人们也能和它们保持和谐互助的关系。

我们还可以从这些神话中看到与消费资本主义相反的底层文化的世界观。

注释

[1]　中尾佐助. 栽培植物与农耕的起源[M]. 东京:岩波书店,1996.

[2]　佐佐木高明. 探析日本文化的底层[M]. 东京:日本放送出版协会,1993.

[3]　同注 2。

[4]　君岛久子. 东亚的创世神话[M]. 东京:弘文堂,1989.

[5]　冈部隆志. 中国云南省怒江流域的创世神话——讲述自我不足的怒族、独龙族的创世神话[J]. 共立女子短期大学文科纪要(第四十五号),2002(01).

[6]　村松一弥. 苗族民间故事(东洋文库)[M]. 东京:平凡社,1974.

[7]　工藤隆. 四川省大凉山彝族神话调查记录[M]. 东京:大修馆书店,2003.

[8]　同注 7。

[9]　伊藤清司. 中国的民间故事[M]. 东京:大日本绘画发行,1981.

[10]　同注 9。

[11]　同注 7。

[12]　冈部隆志. 2008 年亚洲民族文化学会佤族文化调查旅行报告[J]. 亚洲民族文化研究(八号),2009(03).

人牲供祭

——中国云南省佤族的猎人头祭

一、猎人头的暴力性

影集《原住民图录 & 解说集》[1]中的第一张照片非常令人吃惊,照片上两个台湾的原住民面对面地坐在长凳的两侧,在互相斟酒,长凳的正中间放着一颗人头,仿佛是在庆贺成功地猎取人头。影集第二页上的照片是几十个村民手上各自提着人头,好像是与别的村落或部落取得战争胜利的纪念照片。这些猎人头的照片拍摄于日本的大正时代(1912~1926 年),在日本把台湾殖民地化的历史过程中,这些照片意外地映入我们的眼帘,当然,这里也反映了在台湾推行近代化殖民统治的日本政府与作为传统习俗进行猎头的台湾原住民之间的接触(确切地讲是统治),因此,象征近代化文明的照片记录了猎人头这一与现代化相悖的习俗。

影集在对该照片的说明中讲到猎人头的目的是多种多样的,其目的是解决纷争、为亲人复仇、炫耀男人的勇敢、祈求作物丰收和病体康复等。值得注意的是,猎人头习俗中除了常见的宗教理由以外,还有炫耀勇敢和复仇。

猎人头在性质上是在强调为实现自我目的的暴力性。一方面,对台湾的原住民来说,猎人头是一种战争行为,男人作为战士需要勇敢,正因为如此,猎人头具有证明男人长大成人的仪式的意义。另一方面,因为它是暴力冲突,所以,他们必须把村寨建成堡垒,时常需要提防别人来猎人头。

这里我们看到了把猎人头这种战争常态化了的社会形态。当然,如果

《原住民图录 & 解说集》中的第一张照片

细看的话,猎人头中隐含着与此社会文化结构相称的象征意义。我们作为文化人类学者,看着他们把人头作为获得的战利品放在中间斟酒对饮的照片,总会想:社会能在何种程度上容忍猎人头这种暴力行为呢?

　　一方面,不管是什么社会,只要有规范,那么脱离规范的事态,譬如杀人,就会被看成是对社会的危害。另一方面,即使是在禁止杀人的社会,在举行宗教性仪礼时,有时也允许"供牲"之类的杀人。虽说如此,但对那个社会来说,禁止杀人的规则也没有失效。在宗教仪式中允许杀人的暴力是用不同于一般规范(法规)的方法来维持社会秩序的手段。因此,社会中不无矛盾地同时存在着禁止杀人的规则和脱离该规则的暴力,这并不稀奇。

　　宗教性仪礼与日常生活规范的边界线起到了明显的作用。问题是,这个边界线有时是暧昧不清的,同一社会中既允许暴力(杀人)又禁止暴力,两者会失去平衡。社会的稳定是很脆弱的东西,即使只是播放血腥的电视剧,社会上也会有人感到不安,从而要求禁止播放此类电视剧,社会不相信虚构与现实之间的分界线。

危险的电视剧中如果出现包括"供牲"这种暴力因素的仪式,如果是动物供牲,那也许没那么可担心的,但是,如果是人牲,那会怎么样呢?那就会马上给社会带来极大的不安定感,有时可能会暴发抗议活动。

动物供牲和人牲有什么差别呢?有一点可以说的是,对人的直接暴力偏离了宗教仪礼可允许的暴力范围,它过分提高了宗教本身的社会影响力,同时也可能会失去从非日常性向日常性秩序逼近的社会灵活性。正因为如此,我们在追溯近代史时,猎人头可谓是极稀少的风俗,至少除个别情况外,世界史在朝放弃猎人头的方向发展。

但是,如果那样的话,台湾的原住民为什么到最近还在猎人头呢?对他们来说,猎人头这种杀人的暴力行为被认为是有限度的文化行为而被抑制,不被认为是侵犯到了他们的日常世界,还是说,一旦开始猎人头,就会被这种文化的过剩的力量所吸引,明知有风险,但也只是不能停止而已呢?我们对此当然不能作任何回答,但这个问题在考虑"供牲"时不是很重要吗?

本稿想论述的是关于"供牲"的问题,当我们把猎人头这种行为看成是"供牲"时,"供牲"所具有的暴力性本质就会清楚地显现出来。而且,如果暴力性显现出来的话,我们就要回答在社会中其暴力性如何定位,如何归入社会的问题,它与如何考虑"供牲"的社会性这个问题相关联。

这里笔者暂且先探讨"猎人头"所具有的暴力性和包含其暴力性的社会。为什么其他社会已经几乎没有猎人头了,但某个社会还会继续这种活动呢?本文下面所论及的对象不是台湾的原住民,而是云南省的少数民族佤族,佤族大约在五十年前是举行猎头祭谷的民族。

二、佤族的猎人头祭

2002年9月我与工藤隆、工藤绫子、张正军一起对居住于中国云南省西南部的佤族做了为期十天左右的调查。佤族的人口大约35万人,居住于靠近缅甸边界的云南省西南部的沧源、西盟、澜沧、孟连、双江、耿马、永德、镇康等县的山区与半山区。我们调查的是西盟佤族自治县(以下简称西盟县)、孟连傣族拉祜族佤族自治县(以下简称孟连县)。

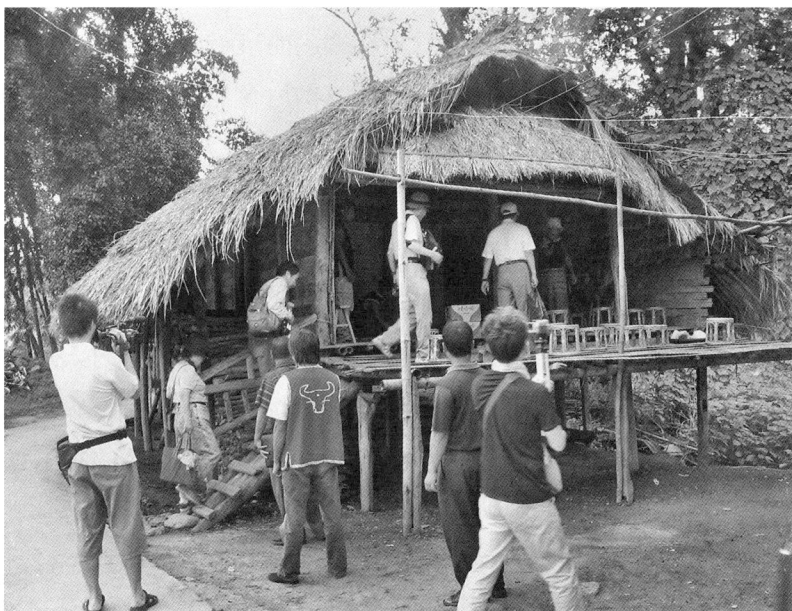

访问佤族村民家

　　工藤隆已经发表了这次调查记录和关于佤族的整个调查报告[2],本论文是基于当时的记录和工藤隆的调查报告来考察佤族的猎头祭谷的。

　　佤族曾以猎头祭谷而广为人知,1958年中国政府颁布了禁止猎头祭谷的禁令,其后佤族不能再举行猎头祭谷了。其实,据说它到1970年左右还有举行的痕迹,至少居住于缅甸的佤族在1958年后还在举行。

　　关于佤族猎头祭谷的调查报告,就笔者所知有以下这些,除了前述工藤隆的调查报告外,还有李子贤[3]、鸟越宪三郎[4]、工藤隆[5]、张正军[6]的研究成果。

　　在上述关于佤族猎头祭谷的调查报告中,鸟越宪三郎的报告是最翔实的,中国方面虽然也有李子贤的调查报告,但总的来说数量有限。佤族居住区曾经是不对外开放地区，所以，在鸟越宪三郎进入调查前，几乎没有外国人进入佤族村寨调查过。在中国，扎根于少数民族原始宗教的文化以前被看成是野蛮的文化，而且有些人也许不那么想承认中国境内存在过猎头习俗，所以，中国国内的佤族文化研究几乎没有涉及猎头的历史。在这个意义上，鸟越宪三郎著的《稻作仪礼与猎头祭谷》通过问询调查再现了佤族的猎头仪礼，是把它作为文化事象从正面加以论述的珍贵资料。鸟越宪三郎还与若林弘子共著了《弥生文化源流考》，该著作用大部分的篇幅介绍了保留母系制的孟连佤族，这两部著作可以了解佤族的文化和生活。

鸟越宪三郎关于佤族猎头祭谷的报告基本上是他提倡的"倭族论"的延伸。鸟越曾经把居住于长江流域的稻作农耕民称为"倭族"，他认为这个倭族迁徙到各地，其中一部分"倭族"携带稻作文化渡海到日本，形成了弥生文化。因此，倭族是"与弥生人具有共同祖先的、拥有共同文化的人的总称"，猎头对佤族来说是"作为稻作仪礼的神圣的宗教行为"。根据鸟越的研究，佤族是"倭族"的后裔，是直到最近还在传承倭族间曾经举行的神圣猎头仪礼的重要民族。

笔者不打算在此评析鸟越的"倭族论"，或者说猎头仪礼是否曾经是稻作文化中神圣的宗教仪礼，我们的调查只是对鸟越记述的佤族文化进行确认而已。当然，我们也觉得有与他的报告不同的地方，也有新的发现。但是，鸟越的佤族调查报告大致上是正确的，我们再次对鸟越的研究工作感到钦佩。

佤族的猎头祭谷是"供牲"，是与日常世界中的暴力行为截然不同的。总的来说，他们的猎头祭谷如下：

猎头祭谷确实具有预祝旱稻丰收的意思，猎头的时间有时是播种旱稻前，有时是旱稻发芽时，或者是旱灾时，不同村寨猎头的时间也不同。总之，在他们的主要农作物旱稻生长的某个阶段举行猎头祭谷，这个仪式具有祈求旱稻丰收的意思。

就我们的问询调查可知，猎头不是一年中多次举行的，一般一年一次，一次只猎一个人头，据说其中有的村寨一次性地猎很多人头，虽然也有每年举行猎头祭谷的情况,但在西盟县力所乡王牙村是五年至十年举行一次,在旱稻结实不好时也有临时举行猎头祭谷的情况。

根据鸟越的报告,猎头祭谷曾经是每年举行一次的,猎头的村寨与被猎头的村寨渐渐地形成了敌对关系,其结果是盛行可以称为复仇的猎头,敌对村落间互相杀戮,为了避免这种事态,猎头祭谷渐渐地变成几年举办一次。

村里如果决定举行猎头祭谷,根据祭司魔巴的鸡卦决定猎头祭谷的日子后,就由村里勇猛的男子结成猎头队,带着武器出发,魔巴不参加猎头。猎头的地点各村好像有某种约定俗成的规定,首先,猎取的是同为佤族的人头,不猎取其他民族的人头,当然,好像会猎取偶尔路过的其他民族的路人的头,但那只是偶尔发生的事,原则上佤族只猎取本民族的人头。他们害怕被复仇,所以也不猎取比自己更强的村落的人头。此外,佤族不去步行要几天时间的远地方猎头。因此,对某个村寨来说,猎人头的区域范围好像是约定俗成的,在该范围内,如果发现在干农活的外村村民,就会把其人头猎回自己的村寨。鸟越的报告介绍了孟连佤族村寨的事例,他说,猎头队从村寨出发后会猎取最先碰到的人的人头。据说,猎头的消息是事先告知附近村寨的,让村民在那几天谁也不要外出。弱小的村寨因为惧怕被复仇,所以不举行猎头祭谷,他们会盗取死人的人头来替代。因此,佤族不把尸体埋葬在村外,而是埋在自家庭院及住宅附近的农地里。

佤族把猎回的人头供放在树立于村寨木鼓房边柱子上的竹笼里,木鼓房里供放着大小两个木鼓,那是中间镂空的大小两段原木,作为神圣的木鼓来使用,木鼓是他们信仰的最高神姆依吉的化身。

当人头被供在木鼓房后,村民们开始围着人头举行祭祀活动。据我们对西盟县中课乡窝龙村的问询调查,那里祭祀活动持续三天,村民饮酒吃牛肉,敲打木鼓,载歌载舞。我们请他们唱了几首在木鼓房里唱的歌曲,歌意大致如下:我们把人头带回村里,在他的守护下,祈愿来年庄稼丰收。

这个人头会一直放在木鼓房的人头桩上,直到新的人头被砍来为止,旧人头就转移到村外树林里的木桩上,因为那里总是放着骷髅头,所以被称为鬼树林。

复原的佤族木鼓房(以前供人头的地方)

　　对人头好坏的评判,各村寨有所不同。在西盟县岳宋乡班帅村,村民说,因为女人的头发长,可以把长头发剪下来分给村民,所以女人的人头比较好。此外也因为女人抵抗力弱,比较容易猎取其人头。我们问村民,其他村寨是否也认为女人的人头好,大部分的答复是未必如此,如果是没病痛缺陷的人头,谁的头都行。

　　猎人头有时是村寨间的战争,我们听到曾有村寨去偷袭别的村寨,杀戮很多村民,猎取人头。据说,有的村寨几乎全灭。因此,猎人头盛行时,几乎所有的村寨都在村边挖了壕沟,围上栅栏,建成军事要塞。我们也许可以说在猎人头的时代从某种意义上讲他们经常生活于战国时代。

　　我们现在已经不知道猎头祭谷始于何时。鸟越把佤族作为"倭族"的后裔,把猎头理解为倭族稻作文化的象征,所以,其起源可追溯到公元前。例如,考古人员在公元前一世纪左右云南省昆明市的滇国遗址中发掘出土了人牲的青铜器。鸟越把滇国看作倭族创建的国家,认为佤族是倭族的后裔,但是现在还没有资料可佐证他的观点。我们即使可以说猎头祭谷古代就有,也没有佤族的猎头祭谷自公元前就延续下来的证明资料。不过,清代记录中有佤族猎头祭谷的记载[7],所以至少近代以前该祭祀活动就确实持续着。

三、猎头祭谷的讲述者

笔者以上讲述的是 1958 年政府禁止猎人头后佤族停止猎人头的大致内容。

我们调查采访的佤族老人几乎都在 70 岁以上,当我们问及猎头祭谷的情况时,他们先是犹豫,然后都说自己没参加过,但见过。他们一旦开始回忆猎头祭谷,声音会变得有些激昂,看上去有点兴奋的样子。笔者推测,在举行猎头祭谷的时代,他们才 20 多岁,也许加入了猎头队,但是因为不能承认砍过人头,所以才说没参加过,但曾经见过。我们还向他们已有 30、40 多岁的子女打听了猎头祭谷,子女们也是用有点兴奋的口气讲述了小时候所见所闻的猎头祭谷。从其讲述的口气来判断,好像在公开场合是不讲猎头祭谷的,但是对猎头这件事本身并不觉得内疚,听起来反而是自鸣得意的样子。当话题说到猎头祭谷时,他们都同样有点兴奋地回忆起往事,我们对此印象很深。

在前述西盟县中课乡窝龙村的问询调查中,有村民说,"牛被盗了,在复仇过程中,演变成了互相猎人头了。"当然,我们不能认为实际情况就是如此。我们认为这是现在已不进行猎头祭谷的人对猎人头的一种解释。但是,作为猎人头这种暴力行为的理由,猎人头是对盗牛的报复,这在某种意义上是非常合理的解释。即,他们的猎人头在记忆中已失去了暴力性。当然,猎人头保持了宗教性效力,可以消除他们生活中的担忧,如果可以用与猎头祭谷不同的东西消除他们的担忧,那么,宗教性就马上会消退。因此,他们的猎头祭谷在失去了宗教性后,就会逐步升级为因盗牛而引起的纠纷,并作为日常发生的暴力行为来谈论。

佤族人对猎人头的记忆,与对"供牲"的宗教性认识相比,更多讲述的是过分使用暴力的故事。

讲述猎人头的佤族老人

例如，我们在戈要村问询调查时听说，马散村数百名的猎头队偷袭了窝陇村这个大约百余户人家的小自然村，猎头后洗劫了村寨。这件事我们向同村的村民岩隋做了确认，他说，"马散村的部队撤回时去了库弄村，俘获了男女各两人，共四人。猎走的人头有 64 个，全部带回去了。那是 1948 年的事。"笔者很后悔当时没确认他为什么会记得所猎人头的数量，是他本人数了尸体的数量，还是马散村把它作为一种武勇故事来讲述战况？佤族的猎头祭谷只需要一颗人头，我们很少听到猎人头时会猎取几颗人头。但是，我们在别的村寨也听到过这样一次性猎取很多人头的故事，当猎取很多人头时，其中一颗会用于祭祀，剩余的人头被埋在地里，以备第二年使用。

像马散村那样的大村寨组织了几百人的猎头队伍，这个人数可以推想为村寨间参加战争的人数。佤族村寨外面有壕沟，按军事要塞化管理，这也是因为有偷袭、毁灭村寨或者村寨间战争存在的缘故吧。

毁灭村寨的故事作为猎人头的案例是极具暴力性的，所以就这样被传承下来了。我们在孟连县考察时采访了孟连县民族博物馆的张海珍女士（傣族），她说缅甸的 santon 佤寨一般一次猎人头会猎回很多颗人头，1948

年曾有三个傣族寨子被其毁灭。佤族一般不袭击傣族(佤族归属傣族土司统治,如果猎头,会遭到土司的攻击),当时的纠纷与鸦片有关,佤族种植罂粟,傣族购买罂粟加工后高价销售,佤族嫉妒傣族赚了更多的钱,就偷袭了傣族村寨,顺便猎回了人头。

我们在采访中经常能听到这种故事。张海珍女士还告诉我们另一个村寨发生的故事。她说,一个姑娘的人头差点被砍下,这时,一同来猎人头的另一个男人劝猎头者说,"我们不要砍她的人头了",但是,猎头者把那个女的人头,连同那个劝说者的人头一起砍了下来。那个女孩的父母亲非常生气,带着自己家族的人去报仇,把对方十多个人的家全烧毁了,还杀了他全家。这个故事与其说是猎头祭谷,不如说是伴随着暴力行为的悲剧故事。笔者推测,这种复仇故事也许还有很多。我们在西盟县戈要村考察时听说,一个同村的小伙子和一个外村的小伙子同时爱上了一个姑娘,两个男人吵架了,同村的小伙子砍下了外村小伙子的人头,举办了猎头祭谷。

我们在考察时经常听到"复仇"这个词语,譬如,因为自己村寨的村民被猎头了,所以为了复仇,大家去对方的村寨猎人头,或者说,因为害怕被别人复仇,所以不去猎取大村寨的人头。在鸟越的报告中,复仇也是一个关键词。鸟越在《稻作仪礼与猎头祭谷》中说,"一旦两个村寨成了仇敌,只要两个仇寨的村民碰到一起,某种口角就会导致互相杀戮,猎人头把那么深的憎恨烙入村民的心中。"鸟越接着说:

> 因为复仇而去猎人头,导致贫穷的村寨生产力低下,不仅损失了人力,而且耗掉了更多的物力。因此,大家虽然采取了一些和解的方法,但仇寨还存在很多。
>
> 我们会想,猎头习俗导致了这样的悲剧,那么废除猎头和平地生活就行了,但是因为猎头祭谷作为稻作仪礼的传统被继承了下来,与谷物的丰歉有直接关系,所以无法废除。

猎头祭谷终究是为了佤族社会的安宁,通过这个仪式确保谷物丰收,这样能稳定他们的社会秩序,因此,猎头祭谷是必不可少的。但是,另一方面,这个仪式也确实给他们带来了巨大的担忧,因为每次猎头都会结仇家,他们一直担心自己也会遭到袭击。这种担忧,不管是被猎人头,或者是村寨毁灭,都是极严重的问题。这种担忧超越了确保庄稼丰收的宗教意义上的安心,反而给社会带来了负面影响。这样的话,按常识而论,大家发挥维持社会安定的智慧,废除猎头祭谷就行。鸟越认为一年一度的猎头祭谷变为几年举办一次,就是因为其自制力在起作用。但是他们不能彻底停止猎头祭谷。

这里的问题是猎人头所具有的暴力性对社会来说甚至到了超越了宗教含义,佤族作为当事人本身不能终止引起过分暴力活动的猎头行为。他们记住了与猎头相关的残酷的或者说是悲剧的故事,这与此问题有关吧。

六车由实关于日本的人牲故事提出以下观点,她认为人们禁止用人作为牺牲的仪式,讲述那种人牲故事是在表露人们内在的暴力性。[8]诚然,我们可以认为佤族人在讲述猎头祭谷时的语气是很兴奋的,它启动了他们内在的暴力性。那么,他们的讲述本身是不再举办猎头祭谷时的讲话态度。笔者认为这种解释也是成立的,但是,他们的讲述很多是基于对猎头祭谷的亲眼所见,即,实际在举办猎头祭谷时,他们很可能也在讲述着附随猎头暴力的故事。仅此,他们确实把猎头祭谷持续到了最近。如果是那样的话,他们自己已经无法终止讲述那种故事了,可能有无意识地抑制过分暴力的方面。他们在举行猎头祭谷时注意到了猎头暴力的社会负担,围绕猎头祭谷的悲剧故事正因为与那种负担相关才有讲的必要。

四、在本民族内猎人头的佤族

佤族猎人头的对象原则上是本民族内部的人,不把其他民族的人作为被猎的对象。当然,即使有时猎取了其他民族的人头,那也是偶发事件或者是极为有限的情况。根据我们对孟连县海东小寨的调查,该村曾经猎取过相邻而居的布朗族的人头,到了猎头祭谷的时期,佤族头人会去照会布朗族的头人说:"到了猎头祭谷的季节,请多谅解。"布朗族的头人通知村民说:"佤族要猎人头了,小心外出。"佤族不举办猎头祭谷时,布朗族的头人会问他们为什么不举办猎头祭谷了,因为他们不来猎头,所以今年的旱稻年成不好。

在这个故事中,我们隐约可见佤族人的意识。佤族的头人去拜见布朗族头人,告知开始猎头祭谷的时间,注意不要因猎头而与其他民族结成敌对关系。布朗族与佤族同属孟高棉语族的民族,生活方式也大同小异,在这个意义上,布朗族共享着佤族猎头祭谷的意义。因此,布朗族也认可了佤族的猎头祭谷。但是,同样相邻而居的拉祜族和傣族的情况就不一样,佤族不猎取傣族和拉祜族的人头。

正如前述,傣族受国家封赐担任土司,拥有对当地的世袭统治权。对佤族来说,猎取傣族的人头将带来大麻烦。孟连县的张海珍女士说,孟连的土司是傣族,马散村头人的女儿曾嫁给土司,当时以牛和大象做神馔,以牛角和象牙作为永不改变的誓言的象征,马散的佤族发誓不猎取孟连地区傣族的人头。

关于不猎取拉祜族人头的理由,鸟越在《稻作仪礼与猎头祭谷》中报告了一个传说。从前,佤族猎取了一个拉祜族的人头,把它放入布袋中,可是,那个人头咬了佤族的侧腹。因此,佤族认为那颗人头是鬼变的,从此不再猎取拉祜族人头。我们在考察时也询问了这个传说,但是已无人知道。十九世纪后半叶西盟地区盛行猎头祭谷,当时拉祜族曾发动了反清起义,后因实力悬殊而失败,佤族受拉祜族的统治。马散村的佤族曾猎取大约 100 个拉祜族的人头,并把人头供在木鼓房,愤怒的拉祜族派了 3 000 名士兵包围了马散村。佤族村民极为惊惧,发誓服从拉祜族的领导,此后不再猎取拉祜族人头。[9] 由此可知,佤族不猎取其他民族的人头,这是因为如果猎取其他民族的人头,本民族就会很轻易地被其他强大的民族所消灭。

佤族与拉祜族、傣族、布朗族杂居,虽然某种程度上是隔开居住的(例如,傣族定居于播种水稻的低海拔地区;佤族定居于播种旱稻的山区),但是,佤族如果走出村寨,平时就会碰到其他民族的人。如果在这一地区做出猎头这种过分的暴力行为,很可能会与其他民族发生纠纷,因此,佤族渐渐地把猎头的对象限定在本民族内。

也许有人会认为,在信仰上,因为是宗教仪礼,所以本民族的人头做供品是最有效的。但是,据传说,实际上佤族最早曾供动物的头,后来也供其他民族的人头。根据《佤族社会历史调查(二)》[10]记录的传说,木鼓房里曾供过鹰、蛇头。有一天,佤族的兄弟在勐梭被其他民族所杀,后来,佤族在勐梭猎取了一颗其他民族的人头,供在木鼓房里,从此以后,木鼓房开始供祭人头。

佤族最初供动物头,此后供其他民族的人头,这种供牲顺序是否是历史事实,我们不得而知。张正军认为佤族本来是拿人头来供木鼓中的姆依吉神的,近代后才用动物头来代替人头供奉。[11]总之,我们能确认姆依吉神的供品未必一定要是人头。据我们的调查所知,根据西盟县原文化馆馆长钟成学(彝族)的介绍,1950年代前如果没有人头作供品的话,可用虎豹等大型动物的头来供祭。

现在我们只能说供奉人头的起源是很早就有的。问题是佤族所猎取的是本民族的人头,还是其他民族的人头呢?李子贤曾报告了这样一则神话,天神告诉佤族,杀人做祭祀的话,可获得庄稼丰收。于是,有个佤族人就杀死了自己的养子(属于自己家的奴隶),砍下他的人头来供祭。[12]如果参照这则神话,那么佤族最初猎取的是本民族的人头。

不过,这里我们必须考虑的是,在这些神话传说中讲述的佤族和其他民族的区分方法本身是在近代以后的事,特别是在中国政府把少数民族的名称与民族区分制度化后的事,它可能反映了各少数民族把这种区分本身作为自己的民族同一性的历史发展过程。在古代,佤族猎人头的对象是否区分本民族还是其他民族,这种范畴的划分是非常奇怪的。在这个意义上,我们可以认为,最先猎取的是本民族的人头还是其他民族的人头,这种讲述方法是近代以后的事。

　　因此,这里关于佤族猎头祭谷的考察至少应限定在它出现于历史舞台的清代以后。即,重要的是佤族拥有围绕猎头祭谷而展开的与其他民族作抗争的历史。这种历史让佤族人意识到不能忽视自己是人头的主人这一民族性,而且,猎头祭谷本身给社会带来了新的负荷。笔者认为只要能认识到这点就行。

　　佤族曾经在木鼓房供奉人头以祈求旱稻的丰收,虽然也曾砍猎过佤族以外的其他民族的人头,但后来渐渐变得在佤族村落之间互相猎人头。如果是同一民族间互相猎人头,村落之间当然会结下仇敌关系,这种关系会给佤族社会带来负担,后来他们几年猎一次人头,或者用尸体的人头代用,或者用芭蕉根等自制人头,他们自己是不能停止猎头祭谷的。1949年中国共产党领导全国人民成立了新中国,佤族也被纳入中国的国家系统,并通过国家的外部力量禁止了猎头祭谷,不久佤族从猎头的束缚中解脱了出来。

　　以上只是笔者的推测而已。不过,我们确认了拉祜族和傣族向佤族猎人头复仇及后来不猎这两个民族的人头的事实,所以,佤族至少在内部猎人头前也是在猎取其他民族的人头的。如果是这样,我们可以说,佤族恐惧复仇,猎人头渐渐控制在本民族内部的事态至少是拉祜族和傣族间的关系在历史上出现以后才显现出来的。此外,如果动物的头也行的话,考虑到猎人头所带来的麻烦事,猎头祭谷就会渐渐衰退,供奉动物头的"供牲"就会固定下来。猎头祭谷没那样发展是因为人头具有深刻的宗教意义,而且,猎人头可体现比砍动物头更大的暴力性,这种暴力性具有比单纯的"供牲"更高的意义,用咒语束缚了每个人。至少,不管其起源如何,佤族的猎头祭谷在19世纪以后通过与其他民族的抗争被控制在佤族内部,这种束缚被深深地编入他们的社会系统中。

五、人 牲 供 祭

　　我们在调查西盟县力所乡王牙村时,曾问村民猎人头的时代与不猎人头的现在相比哪个好？其回答是，"当然是现在好，以前回家很害怕，天黑后就不能劳动了，只好早早收工回家。"毛泽东禁止了猎头祭谷，当我们问毛泽东对佤族来说是否是神一样的人时，回答是"崇拜毛泽东，毛泽东比一般的神更伟大。"毛泽东在中国农村被神格化，所以，笔者对这种回答毫不感到惊讶。从这种回答中，笔者认为他们传递了从猎头祭谷中被解放后的放心感。顺便说一下，回答这个问题的村民是一个80岁高龄的老人，当然是曾生活于猎头祭谷时代的人。

那个老人说"回家很害怕"，这说明佤族村民知道佤族的猎头祭谷是控制在本民族内部的仪式。正如前述，佤族的村寨之间变成了猎头与被猎头的关系。佤族一方面不能放弃猎头祭谷的宗教意义，另一方面又想设法摆脱那种暴力性所带来的负担。但是，他们又不能阻止它。我们不一定能说其理由只是担忧失去预祝谷物丰收的意义吧。

在佤族内部不同村落中猎取人头，这本身对他们来说开始带有象征性意义，换言之，佤族村寨之间确立了"献祭人头"之类的关系，不能摆脱献祭人头的负担。

下面用马塞尔·毛斯所说的摆阔宴会来解释人头问题。当然，被猎走的人头对被猎头的村寨来说不是赠送的礼品，因为如果被猎头就必须复仇。重要的是，被猎走的人头与作为复仇而猎取的人头都作为"牺牲"而供祭给木鼓神。供祭后，人头就成为给姆依吉神的赠品。马塞尔·毛斯指出，"供牲"中破坏的目的正是对神的赠予，肯定会有回报。布朗族的头人问佤族为什么不猎取我们民族的人头，其理由就在于此。布朗族即使不进行复仇性猎人头，如果被猎走的人头具有祭供神灵的含义，那等于他们也供祭了人头。

在互猎人头的佤族内部，事态更复杂，因为猎头祭谷所带来的复仇感情其实在其社会内部已成为供祭神灵的力量。即，在这种社会系统内部，互猎人头时人的感情（复仇心理）是为了确保神灵守护而进行的永恒的供祭。复仇的心理让人感到猎头祭谷是一种负担，同时也是使猎头祭谷得以持续的力量。对他们来说，被猎走人头这件事虽然不是供祭本身，但是，如果通过复仇进行猎人头,那它是使猎头这种连锁性暴力持续下去的行为,社会由此得到神灵的保佑。被猎走的人头,其结果也可以说是对神灵的供牲,更确切地说是负面的供牲。

山本泰和山本真鸟研究了萨摩亚的互惠经济,这种互惠经济里存在着无尽的赠予系统的社会,他们认为,"这种交换不是通过交换动机,而是由不能停止的理由来支撑的。"[13]如果参照这种观点,佤族的猎头祭谷可以说不是由举行猎头祭谷的动机,而是由不能终止的动机来维持的,那种动机是暴力性所带来的连锁性复仇,而这种连锁性猎人头作为负面的供祭促使佤族社会中对神"供牲"的成立。

佤族在本民族内部不同村寨间互相提供人头时,其过剩的暴力性本身作为负面赠予系统,更坚固地构建了使暴力性本身连锁性地持续的系统。它与佤族避免与外部其他民族接触,自闭于本民族内部是无关的。如果佤族猎取其他民族的人头,与其他民族发生冲突,积极地接触外部社会的话,他们可能更早地从猎头中被解放了出来,最终结果是,他们只能依靠把毛泽东崇敬为神的国家这个外力才摆脱了猎头的束缚,别无他法。从这个意义上讲,对他们来说,文化曾经是一种咒语束缚。

六、何 谓 文 化

那么,我们该如何看待佤族的这种猎头祭谷呢?按文化相对主义来说猎头也是一种文化,这未免太简单了。然而,文化是什么呢?如果说猎头是文化的话,那么,其文化的评价无疑只不过是来自外部的有距离感的评价。话虽那么说,如果把那种暴力性本身评价为我们已失去的某种东西,那么,它只不过是把我们心中的某种危机意识反射到佤族上而已,如果那样,猎头祭谷总之还是应该作为消亡的负面文化来处理吗?这个问题好像实在难以回答。

我去考察中国少数民族文化时经常带着列维·斯特劳斯(Lévi-Strauss

1908～2009 年)著的《忧郁的热带》。每当我重读该著作时,总会留意最后的一段文章,它让我重新思考文化是什么,重新思考文化的意义。

　　不管什么社会都不是完整的,所有的社会不能天生与那些社会所表明的规范两立,具体说它是以某种不公正、无情、残忍的形式表现出来的不纯,如何评价这种不纯的成分呢? 民族学家的调查已涉及此问题。为什么这么说呢? 因为如果把少数社会拿来比较的话,其覆盖面的不同就很明显。但是如果扩大调查领域,其覆盖面就会减少,而且,我们知道不管什么社会没有彻底好的社会,但是,又没有彻底坏的社会。[14]

注释

[1]　张良泽(监修),戴嘉玲(编译).原住民图录 & 解说集[M].台北:前卫出版社,2000(04).

[2]　工藤隆.中国云南省佤族文化调查报告[J].亚洲民族文化研究(4 号),2005(03).

[3]　李子贤.中国云南省佤族的神话和猎头习俗[J].庆应义塾大学语言文化研究所纪要(第十九号),1987.

[4]　鸟越宪三郎.稻作仪礼与猎头祭谷[M].东京:雄山阁,1995.

[5]　工藤隆.中国少数民族和日本文化[M].东京:勉诚出版,2002.

[6]　张正军.祭祀与牺牲——以佤族的猎头习俗和牺牲牛为中心[C]//国学院大学日本文化研究所.东亚的饮食与精神.东京:欧风,2004。该论文以作者与工藤隆、冈部隆志三人在 2002 年所做的佤族调查为基础而撰写。

[7]　《云南种人图说》,云南大学图书馆藏,成书于 1800 年代。

[8]　六车由实.神吃人[M].东京:新曜社,2003.

[9]　黄尧.世纪木鼓[M].昆明:云南人民出版社,1998.

[10]　佤族社会历史调查(二)(中国少数民族社会历史调查资料)[M].昆明:云南人民出版社,1983.

[11]　同注 6。

[12]　同注 3。

[13]　山本泰,山本真鸟.作为仪礼的经济——萨摩亚社会的赠予·权力·性冲动[M].东京:弘文堂,1996.

[14]　列维·斯特劳斯.忧郁的热带(下)[M].室淳介,译,东京:讲谈社,1985.

抗议与偿还

—— 中国云南省小凉山彝族的"火把节起源神话"

一、小凉山彝族的"火把节起源神话"

宁蒗彝族自治县永宁坪乡昔腊坪村位于云南省小凉山地区（这里接近四川省，与四川省大凉山地区一样，是彝族的主要聚居区之一）。昔腊坪村的海拔接近 3 000 米，是个高原村寨。我们从丽江市大研镇出发，沿着通往宁蒗彝族自治县（简称宁蒗县）的马路前进，到战河时往右侧通往四川的岔路继续开车，大约 30 分钟左右到了昔腊坪村。该村约 70 户人家，400 人左右，据说主要农作物有燕麦、土豆、苦荞、小麦等，此外还种植烟叶，烟叶是他们主要的经济作物，以此来购买大米。

1999 年 8 月 5 日，我们在远藤耕太郎的安排下到昔腊坪村考察火把节。[1]远藤已在此前较早地进入中国调查少数民族文化，结识宁蒗县工商联合会副主席马云宏先生，在马先生的安排下，我们考察了他的老家昔腊坪村。

远藤耕太郎在 5 日上午到昔腊坪村，在马先生家的旱田里考察庆祝丰收的仪式，考察组其他成员是中午到的，马先生家为我们特意举办了祈祷一家人健康和平安的招魂仪式。主人家请来村里的毕摩（彝族中掌管宗教祭祀的祭司），并牵来一头羊，大家把羊举起来，在一家人的头上转圈，毕摩开始颂经文。我们调查记录了这个招魂仪式。那天晚上，村里的年轻人和孩子们集中在小学的校园里，以歌舞欢迎我们的到来。那晚我们住在村里的旅馆里。

次日上午,我们在村里的街坊邻居间采访了毕摩,记录了火把节的神话等。

2000 年,我们又去昔腊坪村做了调查[2],对 1999 年调查的招魂仪式做了补充调查,主要采访了毕摩和村民,确认了前一年调查时不太清楚的地方。此外,我们在昆明采访了云南民族大学的肖建华教授,他是宁蒗县出生的彝族文化研究者,我们拜托他翻译招魂仪式的经文,并写上国际音标,那时我们也向肖教授请教了火把节的起源神话。这两年的调查,我们采录了四则关于火把节的神话,下面先记录这四则神话。

起源神话 A

讲述者:雷铁习兹(音,昔腊坪村毕摩,34 岁)

彝语翻译:马云宏

日语翻译:赵毅达

采访者:冈部隆志、远藤耕太郎

采访时间:1999 年 8 月 6 日

采访地点:昔腊坪村

很久以前,天神派了一个使者来人间征收粮食和金钱,大家毫无怨言地忍着,但总想在合适的时机反抗。天神派来的使者一到人间就化身为一头黑牛,把征收来的粮食和金钱搬运到商店里。彝族人选了一头牛,让它与神的使者(黑牛)决斗,黑牛战败而死。天神震怒,要求查找杀死天神使者的那头牛,彝族把那头牛藏到一棵大树的树洞里,天神找不到彝族的那头牛,发起了大洪水。洪水冲倒了藏着牛的那棵大树,天神发现了那头牛。洪水几乎淹死了彝族人,但是,有三个兄弟幸存了下来,天神还想杀死幸存下来的三兄弟。天神派了一个使者,那个使者化身为老人,出现在三兄弟前,问他们想要什么样的船。老大贪心地说想要黄金船,老人一挥手就出现了一艘黄金船,老大高兴地坐上了船,划向水中,水马上进入船内,船沉没了,老大就淹死了。

　　老二见老大淹死后,觉得黄金船太重才沉没的,就要了艘铁船。老人一挥手就出来了一艘铁船。老二上船后就划向水中,但那艘船还是下沉了。老三性格好,他告诉老人说,两位兄长淹死是因为他们人坏,他说自己只要木船。老人一挥手,出现了一艘木船。老三坐上木船获救了。这位老三就是彝族的祖先。

　　老三幸存下来后漂到了一个岛上,岛上有位美丽的姑娘,老三与她结婚生子,儿孙满堂。天神知道有人幸存了下来,就给那个岛上撒下疾病和害虫等。结果人因病而死,粮食也被害虫吃掉了。于是,地上的人在农历六月二十四日作为对天神的反抗,高举火把,烧光害虫,病人也痊愈了。从此,他们每年举办火把节。

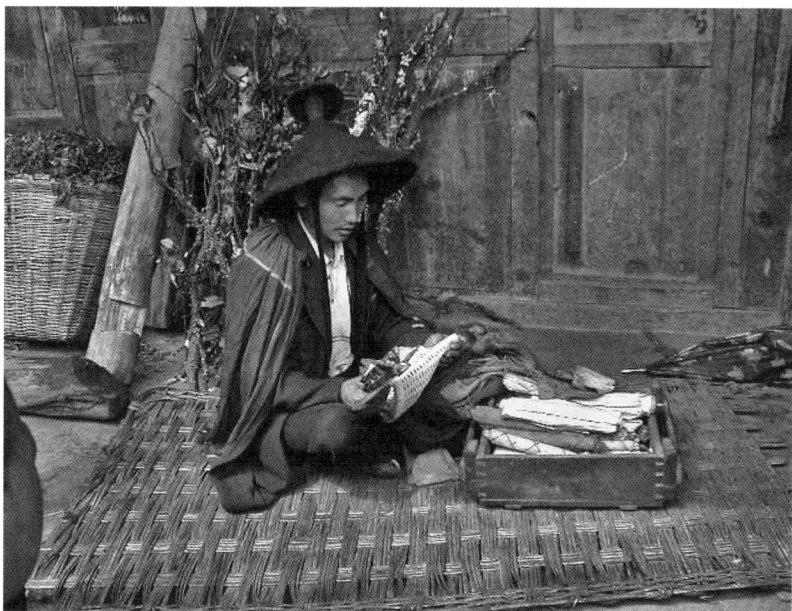

昔腊坪村的毕摩

起源神话 B

讲述者:雷铁习兹(音,昔腊坪村毕摩)

采访者:冈部隆志、远藤耕太郎

日语翻译:赵毅达

采访时间：2000 年 8 月 14 日

采访地点：昔腊坪村马云宏家

　　从前，天上诸神统治着人间。那时地上只有一户人家，住着三兄弟，他们过着贫困的生活，唯一的财产是一头牛。尽管如此，天神还征收重税，三兄弟生活贫困，还是设法纳税。可是，天神还不知足，有一天，征税的天神化成一头牛自天而降，三兄弟正好在旱地里干农活。在他们不留意的时候，三兄弟养的牛与天神变的牛斗了起来，天神变的牛被斗死了。三兄弟从地里回来，知道神牛被斗死后，非常惊骇惶恐，为了不让天上诸神知道，三兄弟把牛的尸体藏到地洞里。变成牛的神没回到天庭，其他诸神觉得奇怪，就发起了洪水。于是，地洞中漂浮出天神变的牛的尸体，天上诸神震怒，想设法处罚三兄弟。

　　三兄弟跟平时一样去耕田，他们白天耕过的田地，一夜后又复原了，这样持续了好几天。于是，三兄弟在一个晚上守在刚耕好的田地边。到了深夜，两个使者自天而降，变成野猪和女人的样子，野猪拱地，女人平土，把耕好的田地又复原了。三兄弟商量了一下，老大说杀死他们，老二说殴打他们，老三说再看看情形。天上来的使者能看透每个人的想法，想严惩老大，轻罚老二，少罚老三。

　　三兄弟问两个使者为什么要那样，使者告诉他们说，天上诸神很愤怒，马上要发洪水了。为了预防洪水，使者告诉他们三个方法，让他们选择。老大选择的是黄金船，里面装满动物作粮食；老二选择的是铁船，里面也装满动物作粮食；老三选择的是木船，里面同样装满动物作粮食。三天后，果真洪水暴发了，老大乘坐的黄金船下沉了，老二乘坐的铁船也下沉了，老三乘坐的木船漂到大海上。洪水消退后，老三从船上走到地上，点燃了竹子。

　　可是，烟飘到了天上，被天神发现了。天神知道地上还有人活着，就派了一位大力士到地上来调查到底谁还活着。力士在地上调查后发现老三幸存了下来，就回去报告了天神。天神听到这个消息，觉得如果是老三的话,就让他活下去吧。

地上只幸存了老三一个人,他无法结婚生子,不能繁衍人类。但是,与他一起得救的动物们帮了他,蛇请鹰把它送到天神幼女的卧室,咬了一口天神幼女的脚,天上没有能解蛇毒的药,幼女眼看着要死了。鹰就请天神把幼女嫁给人间的老三。

天神无计可施,只好同意了这个请求。幼女降到人间,与老三成婚了。结婚后,两人生了三个男孩,但是三个孩子都不能开口讲话。动物们这次派了一只鸟到天上。鸟躲在房间的暗处偷听到了天神和夫人的谈话,天神正在谈让孩子们说话的方法,鸟偷听到他们的谈话后,飞回地上,把方法告诉了老三。老三按照神的指点,把竹子砍成三节,扔到火里,第一节砰地炸裂了,大儿子马上就会讲话了;第二节一炸裂,二儿子会讲话了;第三节一炸裂,三儿子就讲话了。三兄弟讲的话不一样,其子孙分散而居,繁衍为很多民族。

经过了几千年的岁月,天神还心存当时的疙瘩,派了一个力士来到地上。天上的力士名叫斯兹拉依或斯兹斯利梯,人间的力士名叫阿古拉依,这两个力士进行了摔跤比赛,天上的力士输了比赛,被摔死了。这样,天神在心里又增加了憎恨,撒了各种害虫下来,害虫吃掉了人的食物。人们商量了灭害虫的方法,但是害虫很小,数量又多,无法完全消灭害虫。因此,人们想了与天神和解的方法,那就是6月24日的火把节,那天,人们用火把烧死了害虫。作为偿还,他们歌唱说:"富者杀羊,土司(贵族)杀牛,贫者杀鸡,独居者献鸡蛋,寡妇和赤贫如洗者献荞麦丸子和辣椒汤。"即,所有的人根据自己的财力,把上述食物供祭给天神作为赎罪。因此,彝族至今仍举行火把节。

起源神话C

讲述者:肖建华(云南民族大学教授)

采访者:冈部隆志、远藤耕太郎(兼翻译)

采访时间:2000年8月17日

采访地点：昆明市肖建华教授家

　　天上的君主派了个官吏来人间收税。那个官吏名叫阿古腊依，他性格残暴，经常殴打人，抢走了人间的谷物和牛羊。因此，人世间的谷物和牛羊变少了，大家对阿古腊依恨得咬牙切齿。

　　人世间有个力大无比的勇猛的小伙子，他叫黑提腊巴，他很有名。阿古腊依听了黑提腊巴的传闻后，来到人间想与他比赛摔跤。阿古腊依来到黑提腊巴的家，黑提腊巴没在家，去山上砍竹子了，他妈妈一个人在家里，阿古腊依向他妈妈表达了想与她儿子比赛摔跤的来意。他妈妈告诉阿古腊依说，儿子上山砍竹子去了，请等一会儿，并留他吃了饭。那饭是铁坨坨（当地彝族的主食是苦荞粉做的荞饼）。这是因为黑提腊巴平常就吃这种铁坨坨。阿古腊依听到黑提腊巴用铁坨坨当饭吃，非常惊讶，心想要等看了黑提腊巴的体魄后再决定是否与他摔跤，就请他妈妈陪自己上山。阿古腊依远远地看到黑提腊巴背着竹子从山上走下来，那竹子简直有原木那么粗大，阿古腊依看到后很害怕，因为黑提腊巴吃的是铁坨坨，背的竹子像原木那么大。阿古腊依吓得躲到附近的大树洞里偷看走近的黑提腊巴。黑提腊巴下山来时，他背的竹子尖碰到了阿古腊依躲着的那棵大树，大树摇了摇。黑提腊巴生气地说，这棵树为什么要挡我的路，就把大树连根拔了起来扔到路边，他不知道树洞里躲着阿古腊依，大树咕噜咕噜地滚了下去，把树洞里的阿古腊依摔死了。

　　黑提腊巴没料到天神派来的阿古腊依会躲在那里，但等他反应过来为时已晚，他杀死了天神派来征税的官吏，非常惊恐。当时地上已积了一些雪，黑提腊巴便把阿古腊依的尸体藏在了雪地里。

　　不久，太阳出来后，融化了积雪，阿古腊依的尸体露了出来。这样，天上的君主知道阿古腊依被杀死了，他把害虫撒向人间，让它们吃光农作物。于是，人们点亮火把，烧死了害虫。这就是火把节的由来。人因为杀死了阿古腊依，对上天欠了债。他们必须还债，所以，每到收割粮食的季节，就杀羊、牛、鸡，来还人间的债务，火把节时杀禽畜作牺牲，这是对上天的赎罪，因此，火把节的彝族语叫"则"（意为赎罪、还债、偿还）。

起源神话 D
讲述者：邱阿吉(宁蒗县永宁乡刘家村)
采访者：远藤耕太郎
采访时间：2000 年 7 月 25 日(农历六月二十四日)火把节时
采访地点：邱阿吉家

从前，六月二十四日丰收祭时，两个要好的朋友在喝酒，并互相摔跤玩，但是，其中一个人被摔死了。这两个人的名字是迭窝和腊依。天黑下来点火把时，为了不忘记他们，大家要叫这两个人的名字。

二、对上天的反抗

云南省的火把节是农历六月二十四、二十五日在彝族、白族等少数民族中举行的代表性节日活动之一，点燃火把具有驱除害虫的含义，这是祈求水稻和其他谷物丰收的节日，与日本的送虫仪式非常类似。不过，这个节日因民族和地区的不同，差别很大。在城市里，火把节已经演变为城市的民俗活动，办得很豪华。

据说我们考察的昔腊坪村已经不举行盛大的民俗活动了，已经没有在广场上点个大火把大家围着火把载歌载舞的景象。这次为了欢迎我们的到来，大家在小学的操场上点燃火把，年轻人围成圈在跳舞。据说，以前火把节时很热闹，还有人唱对歌。

这个火把节相当于日本的新年，这个时候彝族会隆重地举行丰收祭祀和招魂仪式，远藤正在调查这个节日活动。我们看到了火把节当天经常举行的祈求全家人健康和平安的招魂仪式,并采录了火把节的起源神话。

这次调查中,我感兴趣的是火把节叫"则"的这个彝族词语。1999 年调查时,毕摩说"则"的意思是对神的反抗。但是,第二年去调查时,毕摩又说这个词是对神的偿还,词义发生了变化。我们再问毕摩,"它不是反抗的意思吗?"毕摩说有一半是那个意思。

对神的"反抗"和"偿还",这两个意思大相径庭。我们又去请教云南民族大学的肖建华教授,他出生于宁蒗县,是彝族。他说,彝族话把火把节叫"则",是偿还的意思。笔者总觉得它是偿还的意思,但又难以舍去"反抗"的含义。我们最早采录到的火把节起源神话 A 的末尾确实说到"作为对天神的反抗,高举火把,烧光害虫"。但是,第二年同一个毕摩讲的起源神话 B 中没有"作为对天神的反抗"的语句,肖建华先生讲的起源神话 C 中也没这样的话。我们在最初的调查中(1999 年)通过翻译,确实听到昔腊坪村的毕摩说了"抗议"和"反抗"的词语。我们当时的问询情况如下:

Q:昨天的仪式叫什么名字?

A:兹麻毕[3],祈求全家人平安和幸福的意思。

Q:什么时候举办这个仪式呢?

A:农历六月二十四日火把节时举办,平常不太举办。

Q:去年你做了几次这个仪式呢?

A:去年平时做了一百几十次(与前面的答复有出入)。

Q:我们听说举办这个仪式的目的是祈求一家人的平安和健康,还有其他目的吗?

A:除了祈求一家人的平安和健康外,还有祈求五谷丰登、消灭害虫等目的(我们问的是兹麻毕仪式,毕摩可能理解成火把节的问题了)。

根据传说,很久以前,神发起了洪水,彝族倒了大霉,火把节的另一个意思是抗议天神,预防洪水。我们举办火把节抗议后,就再也没发过洪水。因此,六月二十四日,要每年举办火把节。

Q:能给我们讲讲那个火把节起源的故事吗?

　　A：火把节彝族话叫"则"，是"抗议"的意思，是对发起洪水的神的
"抗议"。

　　对我们提问的关于"兹麻毕"仪式（其实是"伊茨黑"仪式），毕摩的回答
转到火把节的话题上了。不过，我感兴趣的是，人们通过举办火把节来抗议
神发起洪水这件事。

　　我们的问询调查是通过二重翻译进行的，先是彝语翻译成汉语，再把汉
语翻译成日语。人们对神提出抗议的具体理由是洪水，这不能说是误译吧。
我们在第二年去调查时，再次向毕摩请教了 1999 年采录的神话，我们问毕
摩说："你们抗议天神撒下害虫，真的恨天神吗？"毕摩的回答是："一半是抗
议，一半是偿还的心情。"这里毕摩没否定有"抗议"的心情。

　　人们惹怒了天神，遭到来自上天的虫灾，为了驱除害虫而高举火把，这
是很合情合理的。这里的"偿还"指杀死动物供祭天神的偿还。我们可以认
为这是一般的起源神话的情节发展。另一方面，如果说这个祭祀存在着对
神的抗议的话，那么对彝族人来说，"偿还"在某种意义上并非出于其本意。

　　2000 年时毕摩讲给我们听的起源神话 B 中包含着天神与人类之间的
隔阂。天神派遣力士到人间，但是摔跤比赛中输给了人间的力士。天神最
后憎恨人，把害虫降到人间，人类束手无策，只好与神和解。其和解的方式
是火把节。这种和解虽无抗议的意思，但可以认为是隐含着抗议意志的和
解。至少在这则创世神话中彝族人没有应该遭虫灾惩罚的过错。因为来自
天上的力士摔跤输了，天神为了泄愤而降下害虫，所以过错在神那边。

　　"则"的意义应该是"偿还"吧，而嘴上讲着"偿还"，心中并未抑制住对神
的"憎恨"。虽然公开发誓服从天神，但其本意不就是带着"抗议"的心情在
讲述起源神话吗？

　　如果大家阅读起源神话就可知，彝族在与天神抗争，其结果是不敌天
神，但其抗争的情景是很精彩的。惹怒天神的理由是因为在摔跤中赢了天
神的使者，这是很有趣的。这不是人触犯了禁忌，而是因为比天神强。

　　不过，2000 年我们再次采访同一位毕摩，请他给我们讲起源神话 B 时，

他回答了我们下面的提问。

　　Q：现在还恨天神吗？

　　A：不憎恨了。

　　Q：为什么？

　　A：因为已经圆满地解决了。因为是人犯了罪，天神当然要撒下
害虫。

　　Q：对杀死了天神派来的牛和力士这件事，现在还悔恨吗？

　　A：是的，有犯罪的意识。

　　这种回答很有趣，因为所谓人的罪过是摔跤时赢了神。这不是很痛快
的事吗？可是正因为此举，彝族人苦于虫害。

　　在起源神话 C 中，天神派遣阿古腊依这个官吏来地上征税，阿古腊依
会凶暴地殴打人，会夺走谷物和家畜，是个穷凶极恶的坏家伙。地上有个叫
黑提腊巴的年轻人，他很勇猛，擅长摔跤。阿古腊依想挑起摔跤比赛，但对
手似乎很强，他藏在树洞里。黑提腊巴对此毫不知情，觉得那棵树挡了路，
把它连根拔起来扔掉了，结果弄死了阿古腊依。举办火把节是对杀死天神
使者的赎罪。

　　这则神话讲述了对神的偿还并不是心甘情愿的，人并无过失，作恶的是
天神的使者，那么，神话中出现"抗议"、"报复"这样的用词是完全可以理
解的。

　　彝族人很强悍，但是，他们实际上被迫过着贫穷而艰苦的生活。其原因
之一可以说在于他们的强悍，即英雄性。那种过分的英雄力量惹怒了天神，
天神赐予他们苦难的生活。这则神话可以解读为，他们自认为贫穷的根源
是自己过分的强势。

　　"抗议"和"偿还"，讲述"火把节"起源的这两个反义词恰好表达了他们
的矛盾心理。

　　据肖建华先生讲，彝族男人的平均寿命曾经只有 30 多岁，大都死于

争斗。

起源神话 A 中曾讲到"作为对神的抗议",我不由得从中感到彝族人的自豪感与悲哀。

注释

[1]　考察时间：1999 年 8 月 5 日、6 日。考察组成员：冈部隆志、远藤耕太郎、远藤见和、今井俊哉、藤田真理、赵毅达(翻译)。

[2]　考察时间：2000 年 8 月 24 日。考察组成员：冈部隆志、远藤耕太郎、远藤见和、前川晴美、赵毅达(翻译)。

[3]　2000 年调查时,我们发现其实不叫兹麻毕,而是叫伊茨黑,其意义在对肖建华教授采访中(2000 年的调查记录)有详细记载。在当时的采访记录中,我们还是写作兹麻毕,并用这个名称提问,因此,在下面的提问现场也不硬作更改。

死亡与祓禊
——彝族与日本的祓禊仪式比较研究

一、小凉山彝族的祓禊仪式

1999 年与 2000 年间,笔者曾两次在中国云南省小凉山彝族村寨考察当地的神话与宗教仪式。在中国,户籍登记的彝族人口有 871 万 4 393 人 (2010 年),主要聚居在中国西南部的云南、四川、贵州三省。凉山地区是彝族的主要聚居区之一,横跨四川省、云南省,四川省那边的凉山地区叫大凉山,云南省那边的凉山地区叫小凉山。我们考察的是云南省宁蒗彝族自治县永宁坪乡昔腊坪村,是个海拔接近 3 000 米的高原村寨,村里有约 70 户人家,人口约 400 人。农作物只有燕麦、苦荞、土豆等。

彝族的宗教人士叫毕摩,他们拥有用彝族固有文字撰写的经书,根据这些经书主持彝族的各种宗教仪式。昔腊坪村只有一个毕摩,我们考察记录了这个毕摩主持的叫"伊茨黑"的祓禊仪式。[1]

"伊茨黑"仪式是为了保护一家人的平安与健康而举行的祓禊仪式。它不同于用来治疗疾病的"疾病祓禊仪式",是各家各户为了事先预防疾病等而请毕摩来做的祓禊仪式。毕摩让家畜(主要是绵羊、山羊、母猪)背走一家人的污秽,杀死家畜,让杀死的家畜把污秽驮到他界,把动物的肉供祭给天神,赎回被囚禁的家里人的灵魂。杀死动物,把它供祭给神,这显然是动物供牲仪式。下面笔者先介绍我们调查到的该仪式的经过。

毕摩应邀到主事家来做法事,坐在土屋的一个角落里。孩子们把绵羊

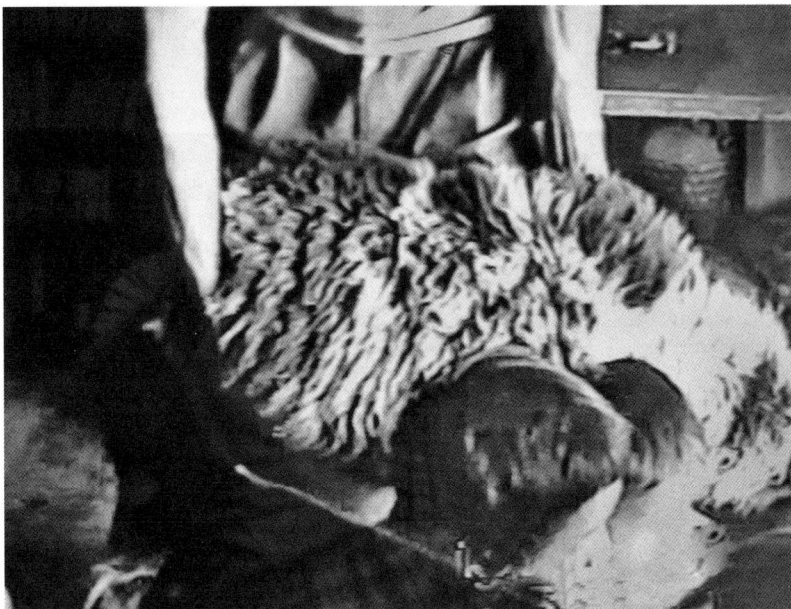

把绵羊放到人身上，把人身上的污秽转嫁到绵羊身上

牵到屋外，点燃柳树枝，用烟熏绵羊。毕摩开始在屋里诵读兹麻毕咒文。兹麻毕不属于毕摩经典，它是口传的经文。毕摩身旁的墙壁上立放着柳树枝。

　　首先，一个男子(主事家的亲戚，毕摩的助手)把绵羊抱到屋内，主事家的人都并排地坐在土屋的正中间，助手高高地举起绵羊，在主事家的人头上往右转九次，往左转七次，然后，助手抱着绵羊触碰主事家的每个人。接着，助手在门口高举绵羊，主事家的人从绵羊下钻过去，走到屋外。这时毕摩一直在念诵咒语。

　　毕摩念咒语告一段落时，大家让绵羊躺到土屋的中间，捂紧嘴巴，让其窒息而死，剪下套在羊脖子上的草绳，再用剪刀剪下绵羊的前足脚腱，把血淋到刚才剪下的草绳和毕摩身旁的柳树枝上。毕摩再次开始念经。

　　那个男的把盛满酒的杯子从横躺着的绵羊的两条前足间和后足间穿过，然后把酒杯递给主事家中年纪最大的老人(男人)，老人先喝了一口酒，然后把酒杯递给其他家里人，一家人一个接一个地喝了那杯酒。

　　毕摩念完经后，把放在自己跟前的碗递给助手，碗里放着苦荞和盐，助手拿着碗走到屋外，把碗里的东西泼到院子的角落和屋顶上，然后把草绳和柳树枝扔到大门外。这个仪式就到此结束了,整个过程不到 30 分钟,是个比较简单的仪式。

人从绵羊下钻过去,把污秽转嫁给绵羊

供神后,把羊开膛破肚

　　然后,他们当场解剖了绵羊,取出胆囊,挂到室内的墙壁上,据说可根据胆囊的大小进行占卜。土屋内火塘上架着一口大锅,主事家把屠宰好的绵羊放入锅内煮,再放入荞麦汤团,几乎没放什么调料,咕嘟咕嘟地把羊肉炖熟后,连同荞麦汤团一起分给在场的每个人吃。

　　以上是"伊茨黑"仪式的过程,对每个场景的意义大致解释如下:首先,羊脖子上的草绳和毕摩身旁的柳树枝是象征性的道具,用于转移人的污秽,并把它们送到他界。助手抱着绵羊触碰主事家的每个人,高举绵羊在家人的头上转动,或者让家人从绵羊身下钻过去,这些都是把人身上的污秽转移到羊身上的象征性行为。硬让羊窒息死的原因是为了在羊还没完全死时把人身上的污秽转移到羊身上,所以没有一下子杀死羊。剪断草绳意为解救了被禁闭在他界的家里人的灵魂。剪断脚腱是为了把羊血淋到草绳和柳树枝上,证明已经杀死了羊。把酒杯穿过羊脚间,并让一家人依次喝那杯酒,意为把羊的灵魂献祭给天神,并换回被盗走的一家人的灵魂,喝酒表示离开的灵魂会返回。

　　他们认为,生病是因为灵魂游离出身体,被天神捉住了。收回灵魂表示守住了一家人的健康。不过,这个仪式是在人还没生病时做的,而仪式上所做的行为意为从天上解救出被囚禁的灵魂。把碗里的东西扔到屋外,把草绳和柳树枝扔到门外,这些动作表示把所有的污秽连同死羊一起送到他界。

　　毕摩颂唱的经书叫"兹麻毕",由四个部分组成,请参阅本书的资料篇。

　　第一部分,"鲁差孝经":"鲁差孝"意为"石头,烧烤,洁净",这是毕摩在做仪式时,把烧烫的石头放入水中,使蒸气升腾,用水蒸气来驱除污秽的活动。经书的第一部分讲述了清除污秽、保持清洁平安的内容。经书一开始就说"用水蒸气和烤红的石头除去牺牲身上的污秽",经书的后面说,"如果把污物送给狂风,风就会吹散它","如果把污物送给飘向苍天的烟雾,烟雾就会使它消失在空中"。

　　第二部分,"伊茨黑经":"伊茨黑"是把动物在人的头上转圈,把人身上的污秽转嫁到动物身上以驱除污秽的仪式。这里,被desub的内容具体说是以恶梦的形式来表现的,例如,经书开头说,"转出恶梦,搡走恶梦,把被水牛撞

倒的梦、与死人一起走路的梦、活人都去火葬场捡骨灰的梦、与鹰一起展翅
飞翔的梦撵到九霄云外。"这些梦本身表示不吉,或者有污秽缠身的危险。
特别是丧葬时,彝族人具有活人的灵魂会被死灵带走的信仰,所以,把在火
葬场拾骨灰看成是恶梦。

　　第三部分,"扔掉围在羊脖子上的草绳和神枝'都都'时念的经":草绳
和柳树枝(都都)是把附着的人身上的污秽带去他界的象征物。经书中说,
"东方的都都是白色的,赶羊的白都都消失在东方。"毕摩按照东西南北的方
向反复地吟诵同样的经文,把污秽送到他界。

　　第四部分,"把羊祭献给天神,赎回灵魂的经书":这是把羊祭献给天
神,祈求放回家里人灵魂的经书,经书中说,羊肉好吃,人肉难吃,请享用羊
肉吧。我们从中可知,毕摩是把羊肉作为食物来祭献的。[2]

在家中念经文的毕摩

　　总之,在这个仪式上,我们能确认以下两个含义:其一是把人身上的污
秽转嫁到羊身上,把羊杀死,让它把污秽带到他界(天上);其二是用羊来供
祭天神,赎回被囚禁在天上的人的灵魂。这个仪式中所谓的被驱除的污秽

可以认为是与死亡和疾病相关的所有不吉利的事物。例如,鬼、亡灵或者妖怪之类在这个仪式中都属于污秽物的范畴。

被杀死的羊所去的世界是天,那里有天神。但是,根据翻译毕摩所颂经书的云南民族大学肖建华教授的介绍,那不是天神,而是祖先。我就此请教了昔腊坪村的毕摩,他的回答是天神,但是,据说祖先也会囚禁活人的灵魂。

一方面彝族的起源神话中出现天神,所以,他们肯定有天神的观念。另一方面,他们认为,人死后,其灵魂经过长途跋涉,回到祖先居住的原乡,在那里成为祖宗。丧葬时,毕摩念诵《指路经》,指引亡灵回到祖先居住的地方,告诉他路程。但是,人们也担心死者魂归故里时带走活人的灵魂,因此,葬礼的最后毕摩要念《招魂经》,以便招回活人的灵魂。[3]

根据肖建华教授的介绍,葬礼的最后有时举行"伊茨黑"仪式(把动物在人头上转动驱除污秽的仪式)。这时,人们驱除污秽,是在向死者,即祖先赎回灵魂吧。

这个仪式好像会因实际举办场合不同而有不同的意义,但是,把人身上的污秽转嫁到羊身上,把羊杀死,让它把污秽带到他界,并把羊作为食物来供神,赎回灵魂,这种基本意义是相同的。

二、与日本的祓禊仪式的类似性

以上介绍的是作为祓禊仪式的"伊茨黑"的概况,彝族的这个祓禊仪式显然与日本的祓禊仪式极为相似。

例如,如果把它与使用偶人的"度暑之祓"仪式相比较,其类似性就一目了然。"度暑之祓"仪式时,神社把偶人分给村民,村民在自己身上感觉不舒服的地方擦偶人,然后把附着了污秽的偶人拿到神社,神官把这些收集到一起的偶人放到河里流走,并吟唱"大祓祝词"。该"大祓祝词"有以下内容:

如汝所闻,以皇室为首,天下四方诸国,诸罪荡然无存,恰如风吹积云,恰如吹散朝雾暮霭,恰如解开船缆航向大海,恰如烧毁并用锋利的镰刀割去彼岸茂木之根,被禊清除残留的诸罪。

被被禊的诸恶自高山、低山之巅流到山谷,激流之神濑织津姬把它们带到大海,潮水翻滚处的大海神速开津姬张开大嘴,咕嘟咕嘟地把它们吞咽了,沉入海底,通往根国、底国处的神气吹户主把它们吹到根国、底国,居于根国、底国的神速佐须良姬把它们吹散,消失得无影无踪。

上述"大被祝词"中所记载的"罪"即污秽,神官通过反复吟诵咒语来被禊污秽。首先,需要注意的是人们对污秽的印象是像随风吹走的云雾暮霭,像船舶那样的东西;其次,污秽可随河流而下,流入大海,被"根国、底国"吞没消散。即,河流把污秽带到"根国、底国"这个世界,从而完成了污秽的被禊。

依靠自然界物理性的力量来消除污秽的方法,这点好像与彝族的仪式相同。"伊茨黑"仪式时毕摩吟诵的第一段经文中有以下内容:

> 如果把污物送给日月,日月就会让它闪闪发光。
> 如果把污物送给星星,星星就会让它闪闪发光。
> 如果把污物送给浓浓的乌云,乌云就会把它不断驱走。
> 如果把污物送给雨水,雨水就会带它流到远方。
> 如果把污物送给狂风,风就会吹散它。
> 如果把污物送给飘向苍天的烟雾,烟雾就会使它消失在空中。

上述经文中对被禊的印象与"大被祝词"中的印象基本上是一致的。毕摩依靠自然的力量把污秽被禊到他界(天空)。不过,在实际的仪式中,毕摩是通过被杀死的羊把污秽被禊到另一世界的。但在仪式上吟诵的经书中,我们可以确认日本的被禊仪式与彝族的"伊茨黑"仪式有共同点。

在日本的"度暑之被"仪式中,人们把自己的污秽转嫁到偶人身上,再把偶人放到河里流到他界,这几乎与"伊茨黑"仪式相同。两者不同的是,在日本,转嫁污秽的是偶人,而彝族转嫁污秽的是活着的动物。这时,偶人是联系人世与他界的媒介物,把污秽附着于媒介物,并把它从人世送到他界,这种想法是比较普遍的。日本各地可见基于这种想法的祭祀活动,中国的少数民族也使用偶人驱除污秽,例如,我们考察的摩梭人的"祛病"仪式就是其中之一。摩梭人的宗教人士达巴用荞麦粉捏成偶人,用病人穿过的旧衣服上的一片布头擦生病的部位,再把那片布头披挂到偶人身上,最后把偶人扔掉,就驱除了病鬼。

众所周知,长屋王(684 年～729 年,天武天皇之孙,曾任左大臣)精通阴阳道,考古人员在其旧宅基地出土了被视为用于咒术的偶人。据说,使用这种偶人的被褉仪式(也可以说是咒术)并非日本固有的咒术,而是受中国的道教等影响而产生的咒术。如果是这样,那么日本固有的被褉观念又是什么呢?伊邪那岐从黄泉国回来时,脱去身上穿的衣服,在水中被褉,驱除黄泉国的污秽,这种把污秽放到水中流走的、利用自然力的被褉法是本土固有的被褉观念吧。

彝族的"伊茨黑"仪式中有杀死活着的动物的所谓供牲仪式,而日本的"度暑之被"那样的仪式却没有杀死活着的动物用作供牲的仪式,也没有给神灵供祭动物的肉以赎回人的灵魂的观念。

不过,日本并非没有杀死动物的供牲仪式,大家熟知的例子有《日本书纪》皇极纪元年的事例,书中说:"随各村祝部所教,或杀牛马,祭诸社神。"这是祈雨仪式,大家杀死牛马作为供牲。学术界一般认为这是在日本举行的中国仪式,但是,日本并非没有动物供牲仪式,即使是今天,诹访神社举行的"捉蛙神事"中的青蛙,或者宫崎县银镜神乐中的野猪都是供神的牺牲,包含着杀死动物供祭给神的仪式。

中村生雄论述了日本供牲的性质,他把世界上的供牲文化分为两类,一类是在一神教的宗教文化中以破坏(屠杀)牺牲兽为目的的供牲文化,另一类是以与神共食牺牲兽为目的的供牲文化,日本属于后者。在后者的供牲文化中,人与动物(自然)没有明显的区别,在仪式上人神共食动物类神馔,意为把自然的灵力摄入体内,使生命充满活力。[4]即,作为仪式来杀死动物,其

达巴在用荞麦粉做偶人

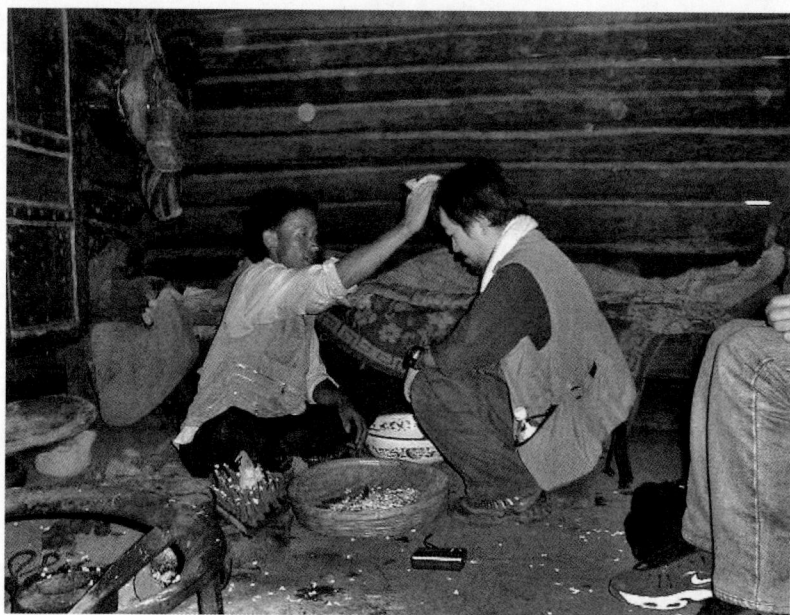

驱除病魔仪式(把沾了身上病魔的布片缠到偶人上,再驱除偶人)

目的是把动物作为牺牲供祭给神灵,与神灵同吃动物肉,获得生命力。笔者认为,中村生雄根据保留至今的大量民俗调查资料对日本供牲文化的定性是正确的。

彝族的"伊茨黑"仪式也向神供祭动物作为神馔,不过,彝族的这个仪式并非为了给生命注入活力,而是为了赎回灵魂,其中有与神交易的行为。当然,供祭神灵本身是款待神灵,以换取幸运,所以,它虽然是一般性的交易,但是,所谓的预祝丰收和解救被囚禁灵魂的活动不同于现实性的交易活动。仪式结束后,牺牲兽的肉用来款待大家,他们说,吃肉本身与仪式没有直接关系。对他们来说,动物的肉始终只是与神做交易的材料,"吃"肉没有象征性含义。

三、动物供牲与祓禊

"伊茨黑"的"供牲"仪式中最受关注的重点是动物的死。即,动物通过死亡(屠杀)迁徙到他界,这种迁徙才是祓禊仪式的又一要点。人类的污秽通过动物的这种迁徙被带到另一世界,彝族的"供牲"与中村生雄指出的日本供牲的性质是不同的。

把污秽转嫁给动物本身,这与日本的偶人仪式一样,具有道教的因素。摩梭人的达巴用荞麦粉制作偶人,举办"祛病仪式",我们必须思考这种摩梭文化所受道教的影响。正像我们很难判断处于中国文化影响下的日本文化哪些是自己的固有文化一样,中国的少数民族文化也处于汉文化的影响下,很难判断哪些是他们的固有文化。我们不认为剔除被影响的要素最后剩下的独创性的东西就是固有文化,而是认为日本、彝族、汉族在根基上都具有共同的文化,只不过是排列组合的方法问题。

这里需要凝练比较的焦点,那就是把污秽转嫁到另一世界的观念。我们首先可以确认的不同点是,彝族通过积极地制造死亡事件,勾勒出向另一世界转嫁污秽的概念。而在日本,正如"大祓祝词"所说,人们幻想着河流是连接彼岸世界的,依靠河流等自然力可以把污秽流放到彼岸世界。

　　那么,日本没有把动物作为人世与他界的媒介而请动物带走污秽的观念吗? 这种观念其实也有的。

　　新谷尚纪在《自污秽至神灵》的著作中探讨了严岛神社举办的"巡岛"祭祀,特别关注了在养父崎神社海上举行的"神鸟叼食"仪式。[5]这一仪式如下:神官在一对神鸦前供奉神馔,乌鸦会飞过来把神馔叼到神社。这只乌鸦被认为是神的使者。新谷对那种浅显的观点提出疑问。日本全国各地可见给乌鸦喂食的习俗,新谷分析了日本全国都在举办的"神鸟叼食习俗",特别是关于"八日神事"中的"神鸟叼食习俗"后指出,"值得注意的是,与其他新年活动、插秧节、收获节、神社的各种神事活动不同,它没被看成是某个神的使者。正如请乌鸦驮走灾难,送厄神所说的那样,它具有消灾免难的意思,接近于葬礼上的送亡灵仪式。在'八日神事'的送神、葬礼中的送亡灵仪式上出现的乌鸦未必是神的使者。这是很重要的事实。""神鸟叼食习俗"中保留了对乌鸦的神秘感,这种乌鸦不能仅仅用神的使者来做说明。笔者推测这种神秘感可能更古老。这种神秘感就是死污,即,乌鸦是作为死污的象征被驱除的鸟。新谷认为,那种死污在他界发生价值转换,成为神灵。在这个意义上,乌鸦也可以看成是预祝丰收时神的使者。

　　日本现在还保留着给乌鸦喂食意为消灾免难的习俗。新谷由此指出,乌鸦一般被认为是神的使者,其实是背负着死污的存在,因为本文探讨的是有没有让动物背负污秽的仪式,所以新谷的观点对本文很重要,我们暂且可以确认日本也有让动物背走污秽的文化。即,在这种仪式上,人们认为乌鸦是向他界移动的鸟儿。因此,乌鸦是把我们的污秽驮到他界去的动物。

　　如果是这样,又有人会提出很朴素的问题,即,如果杀死乌鸦,让他代替人去他界,不是能更确实而且快速地消灾免难吗? 笔者看完彝族的供牲仪式后产生了这样的想法,但是,人们没杀死乌鸦,而是静候着乌鸦的出现并叼食供品。如果乌鸦不出现,那么,这个祓禊也就不成功。它是个效率不高的祓禊仪式,其结局是,日本没有杀死动物让它把污秽驮到他界的祓禊思想。

　　据前述"大祓祝词"记载,污秽是从河流流入大海,再被带到"根国"的,即,运输污秽的是自然(神)本身。从这个意义上讲,乌鸦也可以说是自然力的具体表现。与彝族不同,在日本运输污秽的动物属于自然物,通过自然的作用,把污秽运到他界。

日本没有捕获、杀死乌鸦的观念,因为乌鸦不属于人类这边的动物,而是自然(神)那边的存在物,河流也一样。但是,彝族的被禊思想中没有依靠自然来被禊污秽的观念,对彝族来说,因供牲而杀死的动物是家畜,平时也杀家禽食用。即,在被禊仪式时积极地汲取平常屠宰动物的"屠宰"行为,给这种行为加上把污秽运输到他界的意义。

家畜文化不仅见于彝族村落,而是全世界都有的文化,但是,日本没有彝族那样平常自己屠宰动物来食用的家禽文化,这确实导致日本和彝族的被禊仪式不同。

四、排斥死亡的日本的被禊

日本没有发展作为肉食供应源的家禽文化,其背景是平常认为屠宰动物是一种禁忌。据原田信男的研究,这种禁忌主要由来自禁止杀生的佛教思想和屠宰动物会影响水稻生长的观念。后一种观念广泛见于亚洲各地,律令制国家日本吸取了这种观念,并把它应用于国策上。[6]律令制国家坚信禁止杀生、禁吃肉食能起到镇护国家的作用。当然,这是日本国家层面的思想,民间还是有人屠宰动物来吃的。禁止杀生的国家思想后来渐渐渗透到民间。总之,日本禁止杀生的观念并非那么久远,其实,日本的生活中充分具备了发展家畜饲养文化的条件。

这么想的话,大家会注意到日本人与彝族的被禊仪式其实几乎没什么区别。把污秽附着于人世与他界的媒介物上,并让它带到他界,这种想法是相同的。不同的是媒介物向他界运输污秽时,人们是否积极地通过"屠宰"具体体现"死亡"。当然,这也许由于日本没有发展家畜文化而引起的。

仔细想想的话,被禊本质上是矛盾的,对污秽的恐惧可看成是接近死亡的恐惧,驱除污秽其实也是把污秽运输到死亡世界的他界。伊邪那岐神从黄泉国返回时,把来自黄泉国的污秽又还给了黄泉国。如果是那样的话,驱除污秽这件事又带有污秽缠身的危险,如果要真的驱除污秽,仅此也是在接近死亡。

彝族在丧葬时很害怕死污,但或许不害怕屠宰家畜动物时的"死"污。因为他们平常就屠宰、食用动物,动物的"死"本身就是日常现象,是生活的一部分。他们积极地利用了生活中不可避免的死亡现象,敢于面对被禊中的矛盾,把死亡当作平常现象而不加以避讳。家畜的死是为了人获得生而值得利用的死。

日本人在日常生活中排除了动物杀戮,创建了只是怕死的文化。因此,日本人不能忍耐被禊的矛盾,不像彝族那样利用日常生活中身边的"死",而只能依靠自然或者神力。

对日本人来说,被禊的场地必须是远离死亡的洁净空间,那里只出现把污秽带到他界去的自然力(如河流),与要带去污秽的他界是隔绝的。山本幸司在《污秽与大祓》中列举了应该驱除污秽的大祓忌讳的事例,即,平安时代大尝祭之被禊仪式曾因杀人事件的死污而延期。[7] 偏爱洁净空间的日本文化在某种意义上是脆弱的。但是,另一方面,正像把淹死者的尸体作为惠比须神来祭祀那样,民间拥有接受"死亡"的文化基础,而这种"死亡"已融入生活中。在这个意义上,我们日本人并没有远离彝族的被禊文化。

注释

[1] 关于这次调查记录,请参阅冈部隆志、远藤耕太郎的《中国云南省小凉山彝族的"火把节"起源神话及招魂仪式》(共立女子短期大学文科纪要第四十四号,2001年1月)。四川省大凉山地区美姑县彝族也有与小凉山彝族类似的招魂仪式,请参阅工藤隆的《田野调查记录·中国四川省凉山彝族自治州美姑彝族文化(1)》(大东文化大学纪要第三十六号,1998年3月)。

[2] 经书的日译文刊载于冈部隆志、远藤耕太郎的《中国云南省小凉山彝族的"火把节"起源神话及招魂仪式》(共立女子短期大学文科纪要第四十四号,2001年1月),请参阅。另可参阅本书资料篇。

［3］　樊秀丽.关于中国彝族葬礼中人的形成功能的考察[C]//佐野贤治.中国西南地区的纳西族彝族的民俗文化,东京:勉诚出版,1999.

［4］　中村生雄.祭祀与供牲[M].京都:法藏馆,2001.

［5］　新谷尚纪.自污秽至神灵[M].东京:木耳社,1987.

［6］　原田信男.古代日本的动物供牲与禁止杀生——以农耕礼仪与肉食禁忌为中心[M].东北学3,东京:作品社,2000(10).

［7］　山本幸司.污秽与大祓[M].东京:平凡社,1992.

凤河村白族与巫师研究

一、访问洱源县凤河村

在 1999 年 8 月和 2000 年 8 月,笔者先后两次访问云南省大理白族自治州洱源县凤河村,考察了那里的白族文化。白族主要分布在云南省大理白族自治州,人口有一百十几万。唐代时白族曾是"南诏国"的主体民族之一,宋代时建立了"大理国",洱海地区是白族的主要聚居区。1999 年我们偶然获得了调查凤河村的机会,其契机是:为了调查彝族,我们在昆明通过旅行社包租了一辆汽车,驾驶员姓杨,白族,洱源县凤河村人,我们在旅途中与杨先生相处得很融洽,就请他带我们去他老家看看。

1999 年 8 月 31 日上午 10 时,我们从大理出发,12 时左右到洱源县凤河村,途中花了 2 小时左右。洱源县有个茈碧湖,茈碧湖畔每年夏天举行迎接祖先仪式的海灯会,我们在 1998 年考察过在那里举行的海灯会,当时有男女在唱对歌,我们是专门去调查对歌的,考察记录详见《中国云南省对歌调查全记录 1998 年》。

凤河村属洱源县凤羽镇管辖,靠近茈碧湖。大理白族自治州的白族居住地,特别是 3 500 米以上的苍山十九峰和一望无际的洱海地区,那里风光明媚,自然条件优越,是富饶的农村地带。

凤河村辖振生、营头、营中、小村等 4 个村民小组,有农户 814 户,其中汉族有 24 户,总人口 3 356 人。村里的汉族平常也讲白族语。村民的农业以耕种水稻为主,其他还栽培油菜花、梅子,饲养奶牛。

　　白族村一定有本主庙,凤河村也在俯视村寨的山丘上建有本主庙。我们先参观了本主庙。本主庙中供奉的本主神对村民的精神生活来说是非常重要的存在,可以说起到村落文化中心的作用。在人生仪礼、一年中的固定节日活动时,村民都会去参拜本主庙。本主庙在村民的精神世界中所起到的作用远大于日本村落中的神社。

　　这个本主庙中供奉的本主是李文锦,他是历史人物,汉族,根据我们的问询,村里的老人告诉我们说,"李文锦本主是禄丰县人,汉族,重孝悌。因为他母亲病重,听说罗平山、天马山上有药草,便一路采药到凤河村,花了好几个月采集了药草,正要回家时,兄长来报丧。李文锦听到噩耗后悲伤不已,气绝身亡。村民感其孝悌,把他尊为本主来供祭。因为李文锦亡于阴历八月十五日,所以,村民在那天举行节日活动,祭祀本主。"

　　凤河村的村口建有山神庙,村民出入村寨,会去朝拜山神。村里的小河边供着水神,村里还有供奉着孔子和道教圣人的玉皇阁。本主庙建在离村寨不远处的一个较高的平台上,可鸟瞰下面的村寨。这么看的话,我们可知

凤河村的本主庙里

这个村寨中供奉的各路神灵的空间构成,山神、土地神、水神供祭在接近日常生活空间的境界线上,玉皇阁位于村寨的中心,这与村寨的公共秩序有关。本主庙位于村外较高的平台上,也许在村寨秩序的外部才可以发挥本主神的灵力吧。我没有研究过本主庙在村寨中的地理位置问题,如果研究这个问题,也许很有趣。

我们参观完本主庙后,来到驾驶员杨先生的叔叔家,这家看起来在村里是富裕之家,房子不是传统建筑,而是有很多玻璃窗的正方形的现代建筑,据说儿子在美国留学,由此可见村中富裕之家的富裕程度。我们在杨先生的叔叔家吃完午餐,下午看了村民乐团的歌舞、乐器表演。

这个乐团有 12 人,多数是老人,也有中年人,没有年轻人。据说当时给我们表演的是结婚时演奏的乐曲。演奏开始了,乐团成员演唱了歌曲,歌曲内容是对要结婚的年轻人的告诫,那首曲子是滇剧乐曲。这说明云南省的传统滇剧也传到了这个村寨,这个村民乐团在结婚仪式上演奏这首乐曲。

乐团的表演结束后,我们采访了会占卜的巫师李吉永(72 岁)。

凤河村的乐团

我们先请她到小杨的叔叔家,做了采访。李吉永手持香,开始唱歌。据说她唱的是本主神欢迎我们这些客人的歌曲。我们请她为我妻子算了一卦,她询问我妻子有没有子女,我们回答说没子女,她就说今后肯定会健康地生育子女的。我妻子当时已 53 岁,听到这个占卜结果不禁哈哈大笑。她说这是本主的意思,即,占卜时李吉永的话是代表本主讲的。

李吉永在 41 岁时身体不舒服,周围的人以为她患了精神病。有一天,有个外国人来访,她在家里招待了外国人,请他们吃了饭,把外国人送走后,她就神灵附体了。我们问她村里的本主会不会附在每个人身上,她说外村人来过好几百人,也没附在他们身上。

我们问她村民会请她做什么样的占卜,她说一般是最近家里的情况不好,家里有人生病时,村民会请她占卜家中有什么鬼,然后把鬼驱除掉。

因时间关系,我们没做详细的询问。在这次占卜中,李吉永可能是以为未生育的中年女子(笔者的妻子)要跟巫师商量怎样能生育的问题,也可能是因为笔者的妻子看上去比白族女子年轻,她才会说我妻子能生育的吧,她可能是以白族村落中典型的女性形象为基准来讲述占卜的话的。李吉永不是请祖先神降临的神婆,而是因患了巫病才当了巫师的。

在凤河村占卜的女人

傍晚时我们结束了采访,离开了凤河村。这次采访是偶然访问了包车司机的家乡,了解了白族村寨,收获不少。我们因调查对歌多次访问过白族村寨,但是这是第一次调查巫师。因为受各种限制,我们没能调查这个占卜师以外的巫师。通过这次调查,我们明白了巫师在白族村寨的精神文化中起到的重要作用及本主庙的中心地位。

2000 年我们又一次访问了凤河村。

二、再访凤河村

2000 年 8 月 11 日 9 点 30 分,我们从大理的宾馆出发,途中经过右所时,那里正好在赶集,堵车很严重,花了 3 个小时才把车开出集市,下午 3 点左右才到凤河村。我们先去拜访了村长、书记。

一年前去凤河村作短暂的访问时,我们没去拜访村长、书记,而这次是打算花时间做认真调查的,所以去向村里的领导打招呼,希望能同意我们做文化考察。

调查人员有笔者、远藤耕太郎、川野明正、张正军。因为那天到村寨时已近黄昏,所以,我们只了解了村寨概况,参观了山神庙等,就离开了凤河村。

8 月 12 日上午 9 时,我们又从大理出发。汽车奔驰在茈碧湖附近的道路上,那里有一望无垠的水田,我们突然发现有两个妇女在田埂上做什么仪式,于是停下车去做问询调查。两个妇女中,一个是老婆婆,另一个是中年妇女。老婆婆的名字叫李彩玉,65 岁,江尾村人,平时看管着本主庙。这次仪式是在招魂,因为中年妇女的儿子在这里出了拖拉机交通事故,此后身体不适,中年妇女担心碰到交通事故后,儿子的灵魂出窍,灵魂肯定在这里飘荡,所以请李彩玉来做招魂仪式。

当时两个人都双膝跪在田埂路上礼拜,李彩玉的手上拿着鸡蛋,据说飘荡的灵魂会附在鸡蛋上。他们把鸡蛋看成是可招纳灵魂的容器。我们问他们在拜什么神,她们答复说是山神和土地神。我们发现附近的田埂路上有个供祭土地神的小祠,那里供着香。但在我们看来,她们好像是在求山神。我们没来得及向李彩玉确认她是否是巫师,但因为她在替村民做招魂仪式,所以我们觉得她至少有与巫师差不多的能力。

招魂仪式

我们11点半到凤河村,采访了村中的老人(李金、李石虎)。以下是在凤河村采访时的一部分笔录,其中的日期是农历。

Q:请介绍一下凤河村名称的由来。

A:这与附近的凤羽镇的起源故事有关。从前,大理有块巨大的岩石,有个石匠在凿那块岩石,突然一只凤凰从岩石里飞了出来,从大理飞到这里的罗平山上,并在山上定居下来。那时,一部分鸟还没羽毛,凤凰把自己身上的羽毛分给其他没羽毛的鸟,其他鸟非常感谢凤凰,尊它为鸟王。我们村名的由来与凤河这条河名有关。

村寨附近有个叫清源洞的钟乳洞,是凤羽河的源头,流入茈碧湖,洞中会举行对歌活动。他们给我们讲述了清源洞的传说。

　　清源洞传说：

　　很久以前，那里住着大龙王，有求必应，穷人向他借钱，他会借钱给他们，而且不要利息。但是，后来有个人借钱不还，龙王就不再借钱给人了。农历六月十三日有龙王会，那天是龙王的生日，很热闹。以前大理和缅甸那边的人也过来，在清源洞杀羊和猪供龙王，还表演戏剧，唱山歌。现在也有人去那里。好像政府想把那里开发为旅游景点。清源洞里面很宽阔，有钟乳石。六月十三日那里肯定下雨，那是龙王的孩子来祝寿后回去时掉下的依依不舍的眼泪。

　　Q：那个龙王庙会是求雨的吗？

　　A：不是。如果遇到旱魃，老妈妈们会去清源洞求雨，但不一定要去清源洞。如果在给神的奏文上写明旱魃之苦，再把奏文烧掉，就会降下甘霖。

　　Q：清源洞对这一带来说是个很重要的地方吗？

　　A：清源洞是这一带的水源地，大龙王的家，他的孩子分居于这个水系的其他河流中，有亲戚关系，所以大龙王是这一带小龙王的祖先，譬如说，他把女儿嫁到洱源县的海口，那里举办茈碧湖海灯会。

　　Q：六月十三日是个什么样的时间？

　　A：每年老妈妈们去参拜龙王，祈求五谷丰登，风调雨顺。

　　Q：在清源洞唱对歌吗？

　　A：至今仍有人在那里唱对歌，有很多人是在那里认识并结婚的。

　　Q：已婚的人也去那里唱对歌吗？

　　A：有，但是很少。多数是没结婚的人。政府的人会请歌手在那里举行对歌比赛。

　　Q：你们这里去别的地方参加歌会的人很多吗？

　　A：我们这边的人很少去参加海灯会和石宝山歌会，大部分去清源洞参加歌会。来参加清源洞歌会的人主要是这一带的本地人，不过，大理和牛街的人也会乘公共汽车来。节日那天,政府的人要收一人一元的入洞费,洞里面很宽,可容纳好几百人,年轻人和孩子们喜欢在那里玩。

Q：大家会唱对歌吗？

A：会唱的。

Q：年轻人会唱对歌吗？

A：都会唱的。

Q：唱不唱挖苦歌？

A：平时不唱,有是有的,但不太唱。

Q：清源洞对歌的由来是什么样的？

A：因为是给大龙王祝寿,那天要唱对歌。

Q：火把节时唱对歌吗？

A：火把节的晚上,大家围着火把树唱歌,因为要表演戏剧,那时有人唱歌,但不是对歌,以表演戏剧为主。

Q：火把节的由来是什么样的？

A：据说是为了纪念南诏国时忠贞不渝的白洁夫人。

Q：请给我们讲讲山神的情况。

A：三月十六日祭山神。村民平时有什么不顺的事也会祭山神。

Q：那么土地神呢？

A：跟山神一样。

Q：有没有山神的由来故事？

A：没有特别的由来故事。因为村里需要山神庙,所以建庙祭祀山神。山神会保护路过那里的人的健康和安全。山神管着山上的野兽,如果没有山神的允许,老虎是不会伤人的。

Q：请给我们讲讲村里一年中固定的节日活动。

A：除夕夜要祭拜天地神灵,做菜供祭。过年后要去祭拜本主,年初家里人会去给水井神上香表示感谢,并汲回新水。水井里住着龙王,是感谢龙王。初一不能扫地,饭碗等不能碰出声音,不能吵架,要安静。

家里要在除夕前搞好大扫除。一月十五日是元宵节,迎本主。我们要把本主抬到三个自然村,让本主在那里住两个晚上,村里要给本主搭建特别的小屋,在那里临时拜祭本主。

四月份有清明节,祭祀祖先,清明节祭祖时要供一只公鸡。鸡嘴和鸡脚要清洗干净,用于供祭山神,公鸡要在山神前宰杀。杀死后,把公鸡拿到墓前用开水脱毛,用生鸡供祭祖先。等把鸡煮熟后再供祭一次祖先,并向山神供祭一碗煮熟的鸡肉。一家人在山神前吃鸡肉。

Q:在哪里供祭山神?

A:在墓地的边上祭山神。墓地有大小之别,50岁以下的死者属于早死,埋在小的墓地,不能埋在大墓里。

Q:有没有插秧节?

A:有开秧门活动。每家要拿着香和供品去水田里,举行插秧的民俗活动。"田家乐"是几个家庭集中在一起举行模拟插秧、载歌载舞的节日活动,插秧节时不祭龙王。

六月份有火把节。七月一日迎祖先,开始过中元节,白族话里接祖先叫"恰西刮",神馔叫"嘎纳"。家里人去大门口把祖先接到祭坛上,那时要供祭"嘎纳",这时人不能讲话。七月十四日,把祖先送回去,要在日落前把祖先送走。按家庭送祖,会识字的人念祖先的名字,之所以要在日落前送回祖先,这是因为希望他们回阴间,晚了会回不去。供很多的纸钱是希望他们早点回去用钱。祖先供祭在家里时,家里人不能吵架,因为祖先在看着。

八月十五日祭拜月亮,供香、月饼、茶水、酒。

月饼的由来:

据说这一带曾受回族统治,回族担心村民造反,只允许一个村寨拥有一把菜刀。各村就制作月饼,在月饼里放入纸条,约定于八月十五日起义。各村村民在八月十五日起义,推翻了回族的统治。所以,至今也在月饼里放核桃等各种配料。但是,历史与这个传说是相反的,清代时,回族起义反对满族的统治,起义失败,很多人被杀死,求助于白族。(张先生补充说,一般认为,在月饼中夹字条约定八月十五日起义来自朱元璋的中秋起义。)

　　九月九日是重阳节。冬至时舂糯米做年糕,供祖先。

　　Q:没有庆祝丰收的节日吗?

　　A:有吃新米、供祖先的习惯,但没有特别的收获仪式。

　　Q:用新米供山神吗?

　　A:不供。

　　Q:供灶神吗?

　　A:关于灶神,不太清楚,如果是信佛的人,可能会知道。祭祖时给灶神上香。

　　Q:还有其他节日吗?

　　A:还有寒食节。到了十月,天气变冷了,要去墓地烧纸做的衣服,日子没固定的。

　　Q:请讲讲去本主庙参拜本主的情况。

　　A:人死7天后,要去本主庙做法事,以祈求家人平安,希望家里不要再死人,希望死者能去冥府。此外,婴儿诞生3个月后要去本主庙禀报本主,那时只有父母亲去,婴儿是不去的。买平安纸来在本主庙烧。

　　通过上述问询调查,我们稍微了解了凤河村的概况,特别是在清源洞举办对歌的介绍,这对我这个对歌研究者来说是重要的信息,我想一定要去考察,但一直没实现。这个洞窟是凤河村的水源地,在那里举办对歌,定下终身。本主庙镇守着村寨,是村民举办人生仪礼不可或缺的地方,村里还有佛教寺院和道教的道观,村寨的境界线上建有山神庙,路过此地的村民会去参拜山神,村民在相当于日本盂兰盆节的中元节时接送祖先,并烧纸钱给祖先,希望他们在冥界不缺钱用。

　　凤河村作为一个有秩序的社会凭自己的力量在运转,我一直想在云南至少能见一次的是像凤河村这样的村寨。柳田国男在《祖先的话》中认为日本稻作民族的祖先信仰是日本人的固有信仰,他强调了日本人和祖先的亲和关系。但是,如果访问凤河村(当然,不仅限于凤河村,汉族村寨也一样),大家就会知道祭祀祖先的固有信仰是在亚洲广为传播的信仰。凤河村村民给祖先烧纸钱,希望他们在冥界不缺钱用,冬天供纸衣服,希望他们不要挨冻,白族对祖先的怀念充满着对祖先的温情。

如果想研究村寨的底层信仰,笔者认为白族的凤河村确实是个理想的村寨。那里祭祀着自然神、本主神、观音、道教诸神、孔子等各路神灵,村民与诸神共同生活着。彝族村寨的底层文化又有所不同。笔者访问凤河村,再次亲身感受到那里与日本没什么差别。

这天我们做了上述调查后就离开了凤河村,村民告诉我们明天可能可以看到巫师请祖宗降临的仪式,我们期待着明天的考察会更有收获。

三、白族的巫师(萨满)

我们终于可以调查白族的巫师——萨满了,下面先说明一下白族的巫师。

据说明代前白族的巫师称朵兮簿,南诏国时官位最高的朵兮簿叫"国师"(宗教领袖),那时佛教、道教已传入大理地区,而且巫术也得到尊敬。菅原寿清认为,"(巫术)在大理国时代已独自发展,'朵兮簿'教和民间的巫教及早期的本主信仰等分化复杂,得到了发展。"[1]

现在白族信仰的宗教是多神教,包括本主信仰、佛教、道教、祭祀山神和土地神的民俗信仰等,以本主信仰为主。每个村寨有本主庙,本主对白族人来说是守护神,与日本村寨中的镇守神相类似。我们可以说白族的巫师是以本主信仰为基础的多神教为背景来开展活动的,现在白族把巫师称作舍妮、舍子,白族语把跳神叫"挑舍",问阴叫"别细巫"(问祖宗),神汉叫"舍之"(神子),神婆叫"舍呶"(神女)。[2]

关于本主信仰,请参阅菅原寿清的《亚洲山区的民俗信仰与佛教》。白族的巫师多数是女人,请巫师做宗教仪式的人也多数是女人,从这个意义上讲,我们可以认为,白族巫师的咒术性宗教是依靠女性来维持的。她们请巫师做仪式大致可分为下面两种情况。

(1) 喊回祖先(所谓的请祖先显灵)

(2) 驱鬼,祈求平安,算卦。

中国自古以来就有祖先崇拜的文化,现在仍普遍举办相当于日本盂兰盆节的中元节,不仅汉族,白族也隆重举行中元节,部分白族人在中元节期间会举行喊回已故祖先的"招魂说话"活动。有亲人刚作古的家庭在迎祖的中元节期间会邀请巫师,或去访问巫师家,通过巫师与祖先交流。此外,中国自古以来还有把疾病等的原因归咎于恶鬼的信仰,巫师会帮助患者驱鬼。例如,如果通过问询神灵,知道鬼魂依附到家中某物上,就要请巫师来撵鬼。巫师还会占卜,当然,不仅如此,巫师似乎还会通过咒力参与商量解决村民的各种烦恼。

招魂的神婆会应邀治病。此外,村里的女性祭祀组织莲池会的大经母("岛节摩")、经母("节摩")如果有神灵附体的能力,除在莲池会中念佛经外,也进行占卜、神谕、除病驱鬼等活动,但不招祖先亡魂。巫师因担当的角色不同其称呼也有所差别。

例如,根据我们在凤河村的调查,白语称占卜为卜卦,称喊回祖先问话的人为丕爱西摩森,称跳神者为跳神婆。

凤河村的女性给我们表演了降神剧,该剧吸取了流传于云南的滇剧传统,一位老妈妈扮演历史人物。但是,这与其说是戏剧表演,不如说是巫剧,扮演者在表演过程中会渐渐神灵附体,讲神谕。表演者是该村本主庙女性祭祀组织莲池会中的女性,他们把这种一边跳一边神灵附体讲神谕的女性叫做跳神婆。

菅原寿清把白族的巫师分为属于祭祀组织的巫师和不属于祭祀组织的巫师两类,祭祀组织指男性老人组成的洞经会和女人组成的莲池会,归属于组织又懂巫术的男女都被称为阿肖卡。属于莲池会的老婆婆叫贝维,贝维的阿肖卡是女的。不归属于某个组织,单独活动的巫师叫神婆、毕艾、坡托

莲池会的妇女表演的降神剧

涅。神婆是汉语,是女巫师的总称,用本地的白族话来说,巫师叫毕艾、坡托涅。能招魂说话的巫师是毕艾、坡托涅,她们不归属于莲池会等组织,相当于冲绳 yuta 那样的巫师。按照菅原寿清(2010 年)的分类,表演降神剧的跳神婆可归入阿肖卡。

四、采 访 神 婆

8 月 13 日,因为菅原寿清在大理想与我们一起去调查,所以我们结伴去了凤河村。到了凤河村后,我们马上请杨先生去找神婆,他说,经常来凤河村的神婆不能来,但是我们可以去采访邻村的神婆。所以我们决定去神婆居住的庄上村,那里离凤河村约 15 分钟的车程。那个神婆很年轻,当年才 33 岁,这里以 E 神婆来称呼她。

那天正好是中元节,据说村里的农家都在请她举行招回祖灵的仪式,她一天都很忙。我们快到庄上村时,看到一对年轻夫妇带着一个小孩,从田埂路上向我们走来,这就是神婆一家,丈夫跟着当了神婆的妻子,做她的帮手。我们马上请她给我们举行召唤死者灵魂的仪式,大家决定到附近的本主庙举行仪式,但是,本主庙的门锁着,所以决定在本主庙的门外举行仪式。由此可知,召唤死者灵魂的仪式并非正式的宗教仪式。

经商量,大家决定请神婆召唤远藤耕太郎的母亲,她两年前死于癌症。神婆手持香,朝祭坛礼拜后,开始唱经,请来观音和其他诸神,不久叫死者的亡灵时,神婆以歌的形式问死者与死者家属的相关情况,有时与远藤耕太郎讲话。神婆与远藤间的对话碰到了很大的语言障碍,神婆用白族话唱,凤河村的杨先生把它翻译成汉语,张正军再把它翻译成日语,因为期间夹杂着三种语言,所以,问答进展非常缓慢。

在招亡灵的神婆

我们后来请白族学者施珍华根据录音翻译了神婆的歌唱和会话内容,神婆最先唱的经文内容如下:

祈求观音菩萨千万次

请观音菩萨倾听我的祈愿

再三再四祈求你,千次万次拜托你

拜托你,请回答我

千次万次求求你,祈求本主神

本主神啊,请回答我的诉求

四大天王,请保佑我实现愿望

四大天王,诸位菩萨

我们期盼各位菩萨

求菩萨帮我指亡人

路过的人,哪位是我在寻找的亡人

请告诉我哪位是亡人

告诉亡人,我在祭祀你

还在同时祭祀山神和土地神

请三大祖先也来这里

祖先啊,请你们保佑我们的亲戚

我们的亲戚在感谢召唤来的各位祖先

神婆唱完最初一段歌后,叫出祖先(远藤的母亲),她边唱边与远藤对话,下面笔者先介绍神婆唱歌的那部分内容,括号内是笔者的注释。

祖先来跟我们对话,请你们原谅。(自己祖先墓地旁有棵树,树下有块石碑,这里的"你们"指供祭于那块石碑上的自家的山神、土地神。)

求求土地神,来祭我家的土地神,尊敬的土地神。

你肯定知道我们已故的祖先是什么样子,长得怎样,

(下面改变了唱歌的曲调)

现在我们来祭祀你(祖先),祖先啊,请出来吧。

有什么话要说的话,你就说吧。我们都在聆听。

祖先啊,你所需要的东西,我们全拿来了,不知道是否合你的心意,

（神婆没带镜子。因为镜子是避邪的，所以如果身佩镜子的话，祖先是不会显灵的。）

你有话，就讲吧。请讲讲心里话。

我们也有话想讲给你听，请你仔细听。

今天从地狱里把你接出来，

我们的亲人（祖先）从地狱里回来了，

前面走来的是女人，后面跟来的是老爷爷。

（这时，神婆旁边的老婆婆说神灵来了。）

你看见了吗？ 那个是男人。

这个人，你迎接吗？ 这个人不是你妈妈吧？

她有一个儿子，一个女儿，

那个人是女的，走过来了，走来了。

现在走来的人，如果是你的亲人，你就认了吧。

如果是你的亲人，我们可以交流。

（神婆这时在撒米，据说那是驱除祖先以外的亡者的意思。撒米作边界线，不让无关的灵魂进入。神婆旁边的老婆婆通过翻译在问灵魂生有一男一女，是不是那样？ 经翻译向远藤确认，远藤说确实如此。）

神婆与远藤间的问答内容如下：

Q：令堂说她有一男一女，对吗？

A：是的。

Q：今年建新的坟墓了吧？

A：没建新坟。

Q：死在家里时，儿子在身旁吧？

A：是的。

Q：儿子结婚了，可女儿还没结婚吧？

A：女儿结婚了。

Q：你搬去一个新地方了吧？

A：是的，搬家了。

Q：在新地方，生孙子了吧？

A：还在腹中。

（以下是神婆的话。）

祖先保佑生男婴，这家不务农业，吃国家米饭，令堂的墓地风水好，从好地方流出福水来，生下男婴后一定要去谢观音，今天在听话的人是亡者的大儿子，现在大儿子在听妈妈的话，老大现在在叫妈妈，我想妈妈也知道。

Q：有两个姐妹，一个已经出嫁，一个还在娘家吧。

A：不是的。

（下面又是神婆讲的话。）

令堂作古时带去了四套衣服，儿子在给妈妈烧纸钱。令尊可活到86岁，现在你夫人怀孕了，是很艰难的时候。可能的话，给家乡的观音菩萨写道上表文，求求观音。

大儿子不久前很困苦，但今后就顺畅了。

Q：有过困苦的事吗？（这个问题好像是神婆旁边的老婆婆问的。）

A：有过。

（以下是神婆的讲话。）

今后会万事如意，你可以活到83岁左右，令堂在保佑你，今后会风调雨顺。想做的事，不管什么都可以去做。你是天上下凡的神仙转世，以后就万事如意了。小时候生过病，但今后就健康了，你的良心好，要做好事，你会与夫人白头偕老。

（下面是请神婆召唤亡灵的远藤提出的问题。）

Q：我可以问问题吗？

A：不能直接与令堂对话。

Q：因为是日本人的原因吗？

A：如果是白族的话，就可以对话了。令堂让你给她烧些纸钱，回国后要烧些纸钱。

（下面是将白语翻译成汉语的村民提出的问题。）

Q：令堂的话符合事实吗？

A：符合的。

神婆手持香和扇子，面向祭坛礼拜，颂经文，撒米，唱歌。唱完短歌后，另一个老婆婆也参加进来，两人边唱边跳，据说那是召唤祖先灵魂时跳的舞蹈。白语翻译小杨说听不懂唱歌的内容。

仪式结束后，我们对神婆做了问询调查，杨先生做白语和汉语的翻译，张正军做汉语和日语的翻译。

神婆的名字：E（排行第八，最小的妹妹，33岁）

Q：你什么时候开始能召唤祖先的灵魂？

A：我19岁时当神婆。那时我在生病，看到了观音菩萨，观音菩萨下凡来，指导我这种时候要这样做，教了很多。那时我好像人在天上似的。

Q：是什么病？

A：那时不知道生了什么病。迷迷糊糊的，没什么感觉。每天昏昏欲睡。本主庙和寺庙有节日时，我去朝拜，那时像普通人一样很健康的。

Q：你与其他神婆商量过吗？

A：没有。经文不是向别人学来的，而是自然而然地说出口的。

Q：你从碰见观音到能召回祖先亡灵，花了多少时间？

A：13岁左右开始生了怪病。每当本主庙和寺庙有祭祀活动时，妈妈会带我去参拜神佛，参拜神佛时，病是好的，身体很健康，所以就信了神佛。19岁时能召唤亡者灵魂了。

Q：来请你召唤亡灵的人都是村里人吗？

A：最远的人来自下关，这附近村寨长年有人来请我的。

Q：中元节以外的时间也有人来请吗？

A：七月一日至七月十四日，召唤祖先的人很多，我就去他们村里。其他时间来请我召唤祖先的人会来我家拜访，并在我家做法事。

Q：在家里做吗？

A：不是在家里，是在这里做的。

Q：他们求你做什么法事呢？

A：问祖先想要什么，我就转告他们。

Q：家里有病人时，有人会来请你去治病吗？

A：偶尔也有的。没钱住院治病时，住院也治不好病时，村民会问祖先病人生了什么病，怎么能治好。实际上也有人真的治好了病。

Q：召唤亡灵时你最先唱的歌是什么意思？

A：19岁时念了这样的咒语，当时自己不知道在说些什么，听的人好像听懂了，其内容好像是给别人做很多好事就会有好报。

Q：现在知道自己在念什么吗？

A：在念神的名字，第一是观音，第二是本主，第三是白洁夫人、地藏菩萨、水神、山神、土地神、灶神等。

Q：叫祖先时，请观音菩萨帮忙吗？

A：观音菩萨会把死者的灵魂带到这里来。

Q：这次你转告死者的话了吗？

A：告诉我求助者自己本主名字的话，一定会成功的，如果本主的名字报错了，那就办不成了。

Q：神婆旁边的两位老妈妈帮忙翻译了，她们起什么作用呢？（向把白语翻译成汉语的村民提问）

A：这次是因为你们带来的白语翻译不懂神婆的话，所以请老妈妈翻译了，平时不是这样的。

A：你跟其他神婆有交流吗？

Q：没有。

A：你有时去凤河村吗？

Q：有人邀请的话就去。

A：你能请来亲戚和自己的祖先，并和他们对话吗？

Q：自家的事，自己做的。但是请自己祖先时，什么也没答复，好像不成功。如果是亲戚，可以和祖先对话，但不能和自己的直系祖先对话。

A：要花多少时间？

Q：一般要花一个小时。这次因为语言不通，不是很顺。如果是白族人来求神婆的话，神婆会被看成是死者的替身，求神婆的人会抱着她，舍不得分开，互相号啕大哭。如果死者是自杀的话，神婆会再现死时的样子。

A：为什么要撒米呢？

Q：那是给神的。

A：从点香的地方来看，这里好像是给天神在点香吧？在那个炉子里烧纸钱吗？

A：观音菩萨最伟大，在天上，其他神灵是观音菩萨的士兵，如果需要其他神灵，通过观音菩萨是能叫来的。

Q：你家里几个人？

A：四个人。我、丈夫、儿子和女儿。

Q：把祖先叫来时，有时祖先会不会不高兴？

A：叫来祖先的灵魂时，死者会像生前那样吵架、谩骂。

我们采访完神婆，请施珍华看着录像翻译了神婆在法事上的唱词，施珍华在翻译完后做了以下的解释：

白族在原始社会时就有萨满，住在高黎贡山一带的人在1949年时还处于原始耕作的阶段，住在高黎贡山的白族支系叫勒墨人，他们能把祖先亡灵附到神婆上，能从神婆嘴里听到祖先的话。此外，根据考古学，苍山中部的遗址、剑川海门口遗址、冰川白羊村遗址都有这种习俗。

勒墨人中有神婆和神汉,神汉叫西仔,神婆叫西妞,山区还保留着这种习俗。巫师大多数是女的,村民借助于巫师的力量跟死亡的祖先交流。

你们采访的神婆E还比较年轻,经验不足,如果是经验丰富的神婆的话,她念的咒语是押韵的,而且会更长些,她唱的调子是民歌的曲调,不是跳神调,比较类似现在白族跳狮子舞时的曲调。

此外,神婆要找到死者的灵魂不是那么容易的事,神婆去喊魂时,很多被关闭在冥府的亡魂都会过来,神婆根据亡魂穿的服装等来判断是不是这次要找的那个亡魂,要花很长时间,神婆不知道死者的事,很难一下子找到亡魂。

根据施珍华的解释,我们这次采访的神婆年轻,经验还不丰富,不知道是否因为这样,她说的远藤家庭成员有些是对的,有些是不对的。日本东北地区的巫婆也一样,如果能说中巫师不知道的死者和委托者的信息,就能显示巫师的能力,得到委托者的信任,那些都是召唤灵魂并转达灵魂对活人嘱托的套话。神婆问委托者的问题,既是为了获得寻找亡灵的信息,同时也是因为神婆处于恍惚的状态,她捕捉到的信息是否正确需要委托者来确认。

作为委托者的母亲的话,神婆告诉委托者要去朝拜本地的观音菩萨。白族村寨有很多祭祀观音菩萨的庙宇,这种神谕明显是以白族人的信仰体系为背景的,委托者家住横滨,神婆又没去过日本,因为不知道详情,神婆这么说也在情理中。

我们采访完神婆后回到凤河村,村里各家各户都已在举办欢送回家过中元节的祖先的仪式,村民撤下装饰在祭坛上的饰品、供品,把它们放入中庭的大锅里,边念咒语边烧掉。此外,村民还烧掉了挂在围墙外侧给死者的纸衣,那是为了送走村里无子女的孤魂野鬼。村民担心孤魂野鬼留下来作祟,为了预防灾难,也把它们送走。

村民烧完供品后,把大锅搬到附近的河边,把灰倒进河里流走。那时正值傍晚时分,我们问村民为什么要在天黑前送祖,村民回答说,傍晚五六点左右送他们回去的话,那边有集市(鬼的市场),正好能赶上购物的时间。

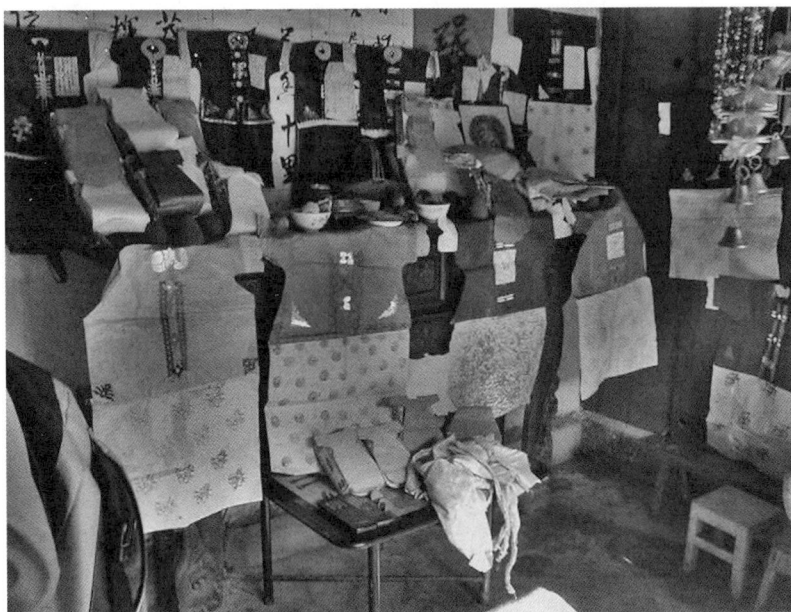

中元节时家中的祭祖坛

在室外供祭孤魂野鬼

　　我们听说傍晚天快黑时村里的妇女要表演戏剧,所以我们决定去看戏。那是莲池会的妇女举行的降神剧,有一个老妈妈带头边颂唱边跳舞,慢慢地神灵附体。村民传承着这样的降神剧,真令人难忘。舞者是去年给我们算卦的李吉永,72 岁。菅原寿清(2010:292)已对该降神剧做了介绍,请参阅。

　　以上报告的是对凤河村和对巫师的调查资料,笔者以为召唤祖先的白族巫师的采风资料特别珍贵,其实,我们在考察白族时经常能碰到巫师,下面再报告几个案例。

五、观音会上的神灵附体

2000 年 8 月 28 日。

　　洱源县乔后镇位于苍山西麓,东连茈碧湖镇,距洱源县城 71 公里。那里的山腰处有一观音堂,村民在此举办一年一度的观音会,我们考察的是 2000 年 8 月 28 日(农历八月一日)观音会的前夜祭。其实,我们考察的目标是在前夜祭时举行的对歌活动。

　　参加观音会的是来自观音堂周边地区十几个村的白族人,傍晚天黑前举行开幕式,村民们表演了舞蹈和对歌等,汇聚到观音堂的人天黑后也没散去,似乎大部分人是彻夜在那里的,晚上十点左右到处传来歌声。那天正好下雨,大家集中到观音堂的庙堂里躲雨,庙堂里开始了对歌。在观音堂外面的屋檐下,年轻人也一边躲雨,一边开始对歌。

　　半夜两点左右,中年妇女们在观音堂内开始跳霸王鞭舞。霸王鞭舞相传为西楚霸王项羽酒后挥鞭做舞而流传下来的,是白族的民族舞蹈,常见于白族的节日祭祀中。舞者手持三尺三寸长的棍(霸王鞭),和着音乐的节奏,用棍戳地或回转翻滚,棍棒两端的铜钱会发出清脆的响声。那天晚上有十几名舞者,随着舞蹈的进展,其中一名舞者的动作渐渐地变得明显与众不同,舞步踉跄。我们知道她已神灵附体了。接着,又有三人渐渐地神灵附体,她们坐成礼拜神灵的姿势,用唱歌的旋律开始念咒语,有点像念经,声音嘹亮,不同于平常话语,几个老婆婆服侍着神灵附体的巫师,由此看来,神灵附体好像不是突然间的恍惚状态,她们事先知道巫师会神灵附体而在照顾她们。

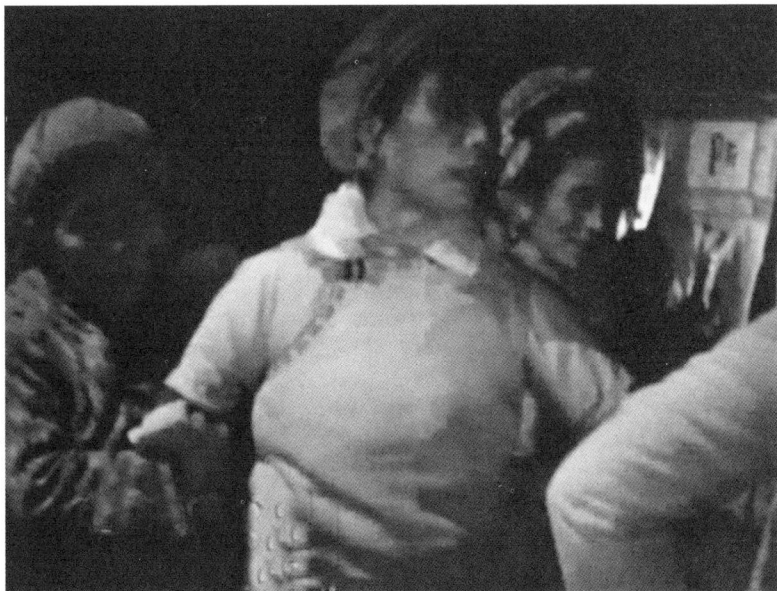

观音庙会上边跳边神灵附体的白族妇女

观音庙会上神灵附体的妇女

在跳舞的人附近,白族妇女们在问一个老婆婆,老婆婆手持一根长香,低声唱歌,并跟眼前的妇女讲话,一眼可知,她就是神婆。但是,她好像没在召唤亡灵,而是以神谕的形式回答委托者需要商量的事。

我们看到一个中年舞者在跳舞时神灵附体了,一开始还以为发生了什么事,吓了一跳。后来我们采访了神灵附体的妇女,知道她是附近村落的妇女,在几年前的观音会上跳舞时神灵附体,从此能转达神谕,帮村民解决烦恼。

观音庙会上讲述着神谕的巫婆

六、茈碧湖海灯会的巫师

2002 年 8 月 31 日

白族人每年农历七月二十二、二十三日(我们考察的时间是公历 2002 年 8 月 30、31 日)在洱源县茈碧湖畔举办海灯会,这个民俗活动相当于日本的放精灵。中元节时,据说茈碧湖中通向冥府的大门会打开,祖先从那里回到人间,海灯会是迎接祖先并把祖先放在精灵船上送回去的民俗活动,也是茈碧湖河头龙王段老三的本主庙会。我们是去茈碧湖畔采录白族对歌的。2002年的田野调查,除了对歌,我们还碰见了几个神婆在召唤祖灵附体,并与其家人交流。神婆往往是一人或二人来茈碧湖的,如果是两人同来,那另一个人是服侍神婆的,看起来像是神婆的丈夫。当时在海灯会会场最里面的小山丘上,我们看到有五六组围起来的人群,人群中持香带扇的妇女是神婆。

茈碧湖畔海灯会时召唤亡灵的神婆

　　该场面的报告请见菅原寿清(2010年)的著作,不过,菅原并未在现场跟我们一起做调查,他是看了我们的录像后徒步去寻访那些神婆的。此外,我们在《亚洲民族文化研究2》上翻译发表了当时招魂神谕的部分内容。[3]从译文来看,神婆召唤来的是委托者的母亲,神婆以歌的形式唱了母亲的话和委托者一家人的事情,在唱完时,神婆会问委托者"刚才讲的对不对",其招魂、神谕的方法与我们在凤河村调查时所见的一样。神婆先念经,再神灵附体,讲祖先(死者)的话,最后向委托者确认刚才讲的是否属实。神婆那么问是希望听者信赖她作为萨满的能力。我们看到有一组人群中有人在吵架,好像是委托者与神婆在吵架,据说神婆虽然召唤来了祖先,但所讲述的有关祖先的信息不正确,委托者不相信神婆的话。

我摄录的神婆在召唤神灵的活动中没有发生口角,神婆的招魂神谕所需时间每人大约要 30 分钟。在活动的后半部分,神婆在神灵附体后开始讲述死者的话,一位女性委托者号啕大哭,因为神婆召唤来了已故母亲。

我们请施珍华解释了这个召唤祖先神谕的活动。他认为,神婆会请来各种神灵,借助于神力喊来祖先,因为会出来各种各样的死者,所以神婆会向委托者询问死者的服装和容貌特征等,委托者可与认定的那个人(祖先)进行对话,如果死者是死于事故等非正常死亡,村民会很想知道该死者在冥府是否在受苦,这种委托者占多数,如果非正常死亡的祖先在冥府能平安地过日子,那么村民认为该祖先也会保佑子孙。

七、白族社会的底层文化

上面笔者综述了迄今为止在白族文化调查中所见到的巫师,白族社会中没有像彝族的毕摩那样一人掌管村寨祭祀的咒术性祭祀者,白族也祭祀本主神、观音、山神、土地神等神灵。这些宗教祭祀,作为传统文化,不像彝族显现于外表,中国把宗教咒术作为迷信而加以排斥,反过来说,正因为那样白族社会才是现代化了的社会。但是,尽管如此,咒术性的祭祀也没有消失,它作为支撑白族精神文化的重要部分而持续了下来。

村寨中的妇女承载了宗教咒术,她们归属于莲池会的祭祀组织。此外,被称为神婆的、不属于某个组织的巫师负责与村民祖先(死者)间的交流。

莲池会中的女性巫师和神婆并不把萨满的能力显露给社会,正因为如此,我们可以说她们维护了潜在于白族社会中的文化。其实,大部分的委托者也是村寨中的妇女,即,远离社会公众世界的妇女才能维持受公众世界排斥的宗教咒术。

从本文所列举的事例来看,在白族社会中,巫师活跃于他们的各种精神生活中,特别是乔后观音会跳霸王鞭的妇女进入恍惚的状态,获得神灵附体的能力,这说明社会中还少量地残留着巫师的供给系统。

我们可以认为,白族社会中的巫师不显现于外表的公众场合,但是仍然没有失去潜在性需求,白族巫师的这种存在方式与日本的相类似。白族的社会生活文明程度较高,但是仍然保留着古代的咒术性宗教世界,这与社会的每个角落都能看到万物有灵论的日本极为相似。特别是凤河村,它仿佛就是日本的村寨。那里祭祀土地神,崇敬村寨的守护神本主,重视祖先信仰。而且,萨满有时能转达祖先和神的意旨。笔者认为凤河村的世界是万物有灵论在生活中起作用的亚洲村落的一个典型。从这个意义上讲,我们重新确认了亚洲萨满教宽广的根基。

注释

[1]　菅原寿清.亚洲山区的民俗信仰与佛教——泰国北部与云南的宗教人类学研究[M].东京:岩田书店,2010.

[2]　工藤隆.中国云南省白族对歌调查资料[R].亚洲民族文化研究 2,2003(03).参见其中收录的《神婆的招魂术》。

[3]　同注 2。

傩戏的接受与发展

——云南省禄丰县高峰乡彝族的火把节研究

云南省楚雄州禄丰县高峰乡离省城昆明市约 120 公里,彝族人口约占 85％。高峰乡一带的几个村寨夏天举行的火把节与其他地区的火把节有所不同,那是一种被称为傩戏的假面戏。大花箐村、小花箐村(以下简称大小花箐村)的火把节在本地区的火把节中规模最大,保留了古代的传统。

我是在 2002 年夏季考察大小花箐村的火把节全过程的,本文是根据当时的调查记录撰写的对大小花箐村火把节概况和祭祀的研究论文。关于该祭祀,请参阅唐楚臣、普顺发(2004 年)的调查报告[1]。作者之一的普顺发本人是在该火把节中起重要作用的毕摩,该调查报告是从事祭祀活动的当事人参与撰写的、非常翔实细致正确的报告,关于祭祀的详细细节,请参阅该报告书。本文将先简述该火把节的概要,把论述的焦点放在祭祀活动的具体发展、与祭祀相关的文化生态状况、傩戏特点等方面。

高峰乡大小花箐村的火把节在农历六月二十五日至二十七日举行(其他地区一般在二十四日举行,这里要晚一天),2002 年在公历 8 月 3 日至 5 日举行。据说,解放前村里是每年举办火把节的,解放后曾有过“破四旧”运动,不再每年举办了。特别是在文革前后,1963 年至 1980 年中断了火把节,此后是连续举办两三年,再停止两三年,不定期举办,1998 年在冲绳县立艺术大学的资助下举办了火把节,[2]这之后又停办了,2002 年又恢复火把节,这年的火把节得到县政府的资助,并成为本地吸引游客的旅游项目之一。

我是从张正军那里听到该傩戏活动的,他在 1998 年参加了冲绳县立艺术大学的考察团。我对从石模上拓制面具,并最后烧掉面具这点很感兴趣,因此,与张正军商量打算在 1999 年去考察,因为该傩戏活动当时是连续举办三年再停三年,所以,我不知道 1999 年是否举办,而且举办这样大型的祭祀活动也许需要募捐很多的资金。我表示愿意捐助部分资金,请张正军代为联系安排,1999 年 5 月,我们得到当地会举办火把节的消息,于是着手准备。但是,在火把节快要举行的 2 周前,突然获悉火把节停止举办的消息,其理由是村民忙于采集松茸,没时间举办火把节。我听到这个原因,理解现在节日祭祀活动所面临的濒临消亡的事实,至少知道了维护节日祭祀的村寨对该祭祀的宗教意识淡薄了。张正军担心该祭祀活动是否不会再举办了。

　　但是,2002 年 7 月,张正军告诉我,村里决定举办火把节了,我们担心这次又会不会被临时取消,经打听,这次活动得到县政府资助,作为振兴旅游业的政策,要隆重举办,虽然我担心政府资助会导致祭祀活动本身变质,但因为确实要举办,所以还是匆忙地做了出国调查的准备工作。

一、火把节的准备

　　7 月 31 日至 8 月 2 日,普顺发、普友祥等在石模上糊多层纸制作面具的脸形,再在脸形上画颜色,做神灵的面具。此外,村民还要做旗子,做各种准备工作。我们到村里已经是 8 月 1 日,那时面具已经在前一天做好,没能看到做面具的过程,但是同样来采风的昆明电视台的记者请村民再现了在石模上糊纸的场面。

　　他们先把纸贴在石模上,再涂上糨糊,然后再糊上纸,这样粘贴上好几层纸后,做好面具的底子,等糊到一定的厚度后,把纸从石模上剥下来,拿到烤烟房去烘一个晚上。第二天烘干后,他们用竹子做面具的骨架,并在面具纸上用绘画颜料画成彩色脸谱。大的面具有三尊,其他还有 5 个作为侍神的小脸谱。小脸谱也是在石模上拓制的。

做面具的石模

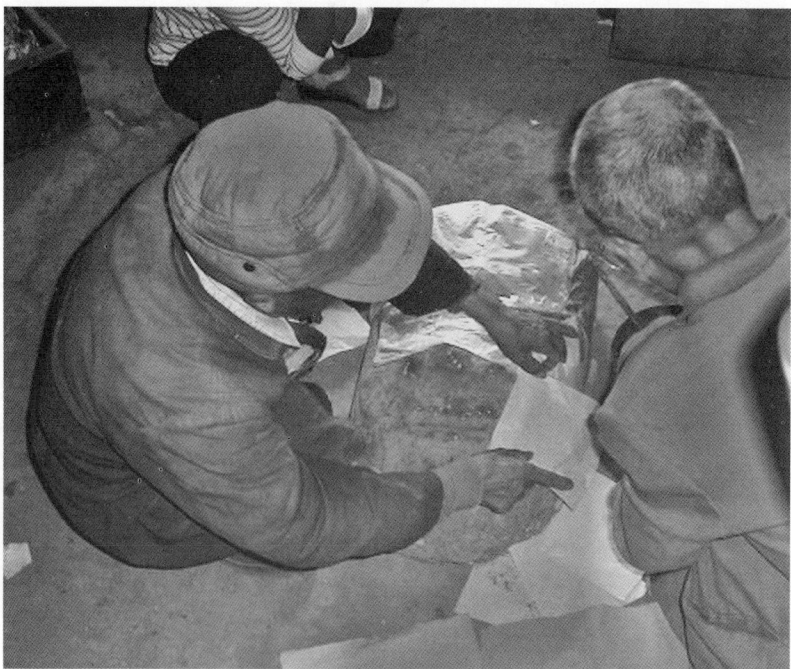

把纸贴在石模上做面具

　　三尊大面具宽约40厘米,高约60厘米(如果加上帽子的部分,就超过1米高)。这些面具不是戴在脸上的,而是用手举着使用的。

　　三尊面具的底色分别涂成黑、红、白三色,再画上图案。黑的面具叫"庚英颇",是土地神,与祭祀在土主庙里的土地神是同样的神;红的那尊面具叫"伧司颇",是人类的祖先神;白的面具叫"艾目灵",是天神。以前来村里做调查的中国研究者把黑、红、白的三尊面具称作《三国演义》里的孟获、关羽、孔明,但是,普顺发和村民否定了那种说法,认为他们分别是土地神、人神(祖先神)、天神。该祭祀活动受到催戏的影响,如果从催戏的角度去看的话,因为催戏中有《三国演义》的英雄们出场,具有表演性因素,或许是因为那样,中国的研究人员才把它比作《三国演义》中的英雄吧。

　　8月1日,村民制作四面指挥旗,上面分别画着雌雄凤凰、龙、白虎。旗上的那些画是用颜料在纸上画成的简单图案。制作面具的地点不在毕摩普顺发家,而是在普友祥家,普友祥家原来也是毕摩之家,其祖父普朝发是优秀的毕摩,不过,因为儿子早夭,就让侄孙普顺发学做毕摩,普朝发的孙子普友祥就没当毕摩,但是,火把节时,会在普友祥家制作面具等,做好准备。

二、喊 魂 仪 式

　　8月2日傍晚,村中各家各户都集中到土主庙前朝拜土主,供鸡肉或猪肉,举行喊魂仪式。

　　土主庙像是村里的神社,那里供祭着财神、关羽、土主神,这三尊神灵原来分别供祭于各自的庙堂里,现在合祀在一起了,土主庙房顶已坍塌,抬头可见天空,整个土主庙几近荒废,村民期望能修缮一新,但因无资金,也就一直这样破烂。

　　土主庙荒废,不能每年举办火把节祭祀活动,这些说明村里连维修土主庙和举办节日祭祀活动的资金积余都没有。以前村里即使没有资金积余,也可以靠大家的集体供祭和捐资来维护土主庙,但是,最近因村民去大城市打工,或者从事采集松茸等有现金收入的工作,不像以前那样热心参与村寨集体祭祀活动了,因此,需要政府机构的资助才能举办火把节。但是,高峰乡的某个官员认为,如果给予资金援助就会不利于村民的自立,例如,他们对修复土主庙比较消极,而村民又说政府不资助。我好像是在看日本的农村和地方政府的关系似的。

在土主庙中供祭的三尊神灵中,面朝神灵的右侧那尊是土主神,是扎根于本村地域(自然)的土地神,他脸黑,有三只眼睛和六只手。三个面具中,黑色的庚英颇与土地神长得一模一样。

喊魂仪式是以家庭为单位进行的,村民先后两次去朝拜土主庙。第一次在土主庙里杀鸡,把鸡毛粘贴到神像上;第二次带去鸡蛋和猪肉,供神后再把供品拿回家供祭灶神。我原先以为这是迎接祖先的仪式,但村民回答说不是的,是在喊回活人的灵魂,在火把节开始之际,要喊回活人在外面漂泊的灵魂。喊回漂泊灵魂的仪式也常见于其他少数民族,也用鸡蛋招魂,认为鸡蛋是装灵魂的器具。这个喊魂仪式不是火把节的一部分,但是它在火把节的前一天举行,当然也是火把节的准备工作之一。

三、开　幕　式

火把山离大小花箐村和乡政府所在地有好几公里,火把节主办者已经在山麓的平地上搭建了露天舞台。8月3日上午10点30分乡政府主办的开幕式如期举行,在省、县领导致辞后,歌手演唱了歌曲,彝族舞蹈团表演了民族舞蹈后,开幕式就这样结束了。

云南省旅游局的领导在开幕式上也致辞了,这传递了要把火把节作为振兴乡镇来推销的旅游项目的目的。开幕式本身当然与火把节没关系,它明确地表示这是政府主办的祭祀活动,请来歌舞团是为了给仪式增添人气,确保仪式成功。

四、开 光 仪 式

8月3日上午村民为了筹办祭祀活动,把粮食和现金拿到土主庙,主管人员把捐助物逐一记在账上,面具放置在制作面具的普友祥家中,刀队和乐队也都集中在他家里,不久后,以三尊面具为先导,一行人员集中到土主庙后山的神树下。

村民把三个大面具、五个小面具、画有龙虎凤凰的旗子、大刀等搬到大花箐村土主庙后山的神树下,在村里的祭司毕摩普顺发的指挥下,村里的男人集中到一起,给大面具举行开光点睛的仪式,毕摩先在烧红的犁头上撒上醋,用蒸气清洁环境,再拧破鸡冠,用鸡冠上流出的鲜血滴到面具的眼睛、耳朵、鼻子上,念咒语,作开光点睛仪式,那只鸡没被杀死,只取了鸡冠上的血,之后杀了一只山羊用于供神。

开光点睛仪式

在这个仪式上,面具就是神本身,在这个开光仪式前,面具只是普通的东西,而在这个仪式后,面具就被看成神灵了。

接着,村民列队走到山上供祭天神的地方。大面具不是戴在脸上的,而是由高个子年轻人分别高举着。村民把火药填充到小铁筒里,点火放炮,以巨大的炮声为号,铜锣和喇叭齐鸣,鼓乐队、大刀队围绕着面具,在行进过程中,每遇平坦的地方,刀队会围绕面具跳锅庄舞,又以火炮为号,各队快速行进,再在下一块平地上跳舞,如此反复,各队行进犹如军队的进军方式。

祭祀天神的地方曾经有过天神庙,但现在什么也没有了。行进到了山顶后,面具被放在附近的树下,毕摩念经,再向天神祷告,然后马上开始驱鬼。村民按照面具分三支队伍,各队分头挨家挨户地去驱鬼。从山上下来的三支队伍从大花箐村开始驱鬼。

8月3日晚上,在政府主办的开幕式会场,以火把为先导,面具队表演了刀舞。据说以前是在土主庙前的广场上通宵表演的,这次活动地点搬到了政府设定的会场,刀舞在祭祀过程中是最华丽的,具有很强的艺能表演因素,因此,在稍微离开村子的会场上举办了刀舞。会场上刀舞队表演了各种节目,几乎与日本的神乐相同。很多游客在欣赏刀舞,不久会场上的年轻游客手挽手,踏着统一的脚步,挑起了锅庄舞。我推测,以前或许这种氛围更强,年轻人或许在唱谈恋爱的对歌吧。

五、驱 鬼 仪 式

村民分作3队,各自手持一个大面具,分别到各家各户去驱鬼(据说以前是三个面具在同一个队列中,大家一起去各家驱鬼的,现在为了节省时间,分三队去驱鬼了)。从3日傍晚到4日驱鬼队要去大花箐村每户农家驱鬼。大小花箐村的户数共有117户,其中大花箐村56户,小花箐村61户。

面具队进入农家

毕摩在农家主持的驱除污秽仪式

5 日上午驱鬼队去小花箐村各家驱鬼,以面具为中心,驱鬼队到家里后,以放铁制火炮为号,这是神灵驾到的信号,也有吓唬恶鬼的意思。进入农家后,驱鬼队把面具放在正屋的神坛前,家里人要准备好烧酒、水、一点钱和炒好的罗汉豆,先在烧红的犁头上撒醋或开水,用蒸气清洁家里,然后毕摩念经,把锁链放到家里人的脖子上,捆绑好恶鬼后将其驱除出去,毕摩用面具的神力和经文的咒力撵鬼,使家里清洁平安,一家的仪式完成后,大家又列队去下一户农家。一家的驱鬼仪式大概要 20 分钟左右。

六、斗　牛

假面队在挨家挨户地驱鬼时,火把山上在举行斗牛活动,斗牛本来也不是火把节的活动,高峰乡政府可能是为了把火把节推到高潮,或者觉得只有火把节的活动不能招来游客,才加上了斗牛活动。举行斗牛活动的是贵州省的苗族,会场上聚集了大量的游客。

斗　牛

不过可能是山上日照太强的原因,牛一点也没精神。在牛主人的吆喝下,两头牛会用牛角去互顶,然后就不怎么动了,弱小的牛会马上认输逃走,这次斗牛活动一点也不精彩。据政府人士讲,这次斗牛活动要花费2 000元。我心情复杂,觉得有这笔资金,还不如捐助给村里办火把节。

其实,为了考察火把节,我听说要捐助一些资金,但是,我不知道该捐助多少,我们听说举办火把节本身的费用大约要3 000元(按当时的汇率,约4.5万日元),1999年我打算去调查时曾想捐助那么多钱的。但是,这次是在政府的资助下举办的,我就不知如何是好。我跟翻译兼合作研究者张正军商量,觉得如果是有助于村寨发展的话,还是值得捐助的,于是决定捐助2 000元。但是,我很难把握捐助的最佳时间点,我们去访问高峰乡政府时,为了取得调查的许可,拜访了火把节的总负责人,觉得如果把钱捐助给他有利于接下来的调查,所以,把钱捐助给了总负责人,他很满意,我们接下来的调查也进展得很顺利。我们无法确认这笔钱是否最终用于村寨的发展上,正当那时听说斗牛活动花了2 000元,心想自己捐助的钱会不会补贴到政府举办这种活动上了。

七、送　　神

8月5日上午,毕摩和村民在小花箐村驱鬼,同时,刀队的年轻人集中在普友祥家里画脸谱,有的画成白脸,有的画成花脸或老虎脸。画完脸谱,大家列队走到火把山,为了与在小花箐村驱鬼的面具队汇合,刀队在中途休息了片刻,而这休息潜伏的地点是秘密的,其他人不能靠近。

下午,刀队与驱鬼队在山脊小路上汇合,大部队朝火把山进发,火把山的山顶上非常平坦宽阔,那里已集中了很多观众,这是整个火把节的高潮。据说观众多时达数万人,途中会设营盘,然后面具队和刀队会跳刀舞,跳完舞,以火炮为号,队伍又开始前进,在下一个营盘处再跳舞,最后面具队的人高举面具,刀队的人突然用刀尖戳破面具,大家争抢被戳破的面具上的纸,

送神仪式前正在画脸谱的年轻人

面具队伍表演的武斗舞蹈

被烧毁的面具

把纸片带回家。刀队在戳破面具后,立即把刀子扔掉,跑到附近的水池里洗去脸谱。

面具被争抢得只剩下一副骨架,有人把那副骨架拿到山上送神的地方烧掉。面具被烧毁时,在场的人把烟雾拨弄到自己身上,或者把没能到现场的人的衣服高举在烟雾中,祈求消灾免难,健康长寿,面具烧完后,火把节的整个活动就结束了。

我们回到高峰乡的旅馆,发现街上正在举办集市,很热闹。据说这一带没有固定时间的集市,节日时很多人会来参观祭祀活动,好像这时才有集市贸易。

以上是火把节的过程。虽然名叫火把节,但实际上是汉族和其他几个少数民族也在举办的傩戏。

这一带彝族的汉化速度较快,明代根据国家的军屯制,这一带就驻扎着汉族军队,才传播了这样的傩戏吧。当然,火把节中也融合了彝族的传统信仰,发展为自己独特的节日祭祀活动。

八、高峰乡火把节的特点

高峰乡的火把节与其他地区彝族的火把节不同,实质上是"傩戏"。

火把节本身在彝族中有各种形式,其共同点基本上是装饰着火把,驱除害虫等灾祸。关于傩戏,学术界已多有论述,它是起源于古代中国的消除瘟疫的仪礼。根据《周礼》三十一"方相氏"中的官职记载,"方相氏掌蒙熊皮,黄金四目,玄衣朱裳,执戈扬盾,帅百隶而时傩,以索室驱疫。"方相氏披熊皮,戴着四只眼睛的黄金面具,穿着朱色衣裳,率领百官,举行驱鬼逐疫的仪礼。这是傩戏最早的资料,仪式上,在方相氏这种具有特殊技术的咒术宗教人士的指导下,凭借面具的力量驱鬼逐疫。这种傩戏传播到东亚地区,作为驱鬼逐疫的仪式而发挥了影响。例如,日本的追傩仪式就是那样的,奥三河的花祭等也可见其影响。

这种傩戏在中国发生了各种变化,多姿多彩地被继承了下来。根据铃木正崇的研究,宋代时其形式就已瓦解,发生了巨大的变化。对此,铃木提出了以下观点:

> 现行傩戏或许在宋代以降依靠富裕的民间经济而取得了较大的发展,明代、清代时傩戏开始地方化,并发生变化,形成了现在可见的傩戏原型。在其定型过程中,与儒教习俗、民间信仰相融合,汲取道教和佛教成为复杂的"法事",并进而与"戏剧"相组合,作为适宜民众娱乐和鉴赏的傩戏,得到了独特的发展和变化。宋代时,随着汉族的南下,进入江南地区,苗瑶系民族的祖先迁徙到山岳地带,在这一民族迁徙过程中,现在流传于贵州、广西等少数民族地区的傩戏接受了汉族傩戏的影响而成立,是古代的"活化石"。[3]

根据铃木正崇的以上说明,我们可以充分理解高峰乡的火把节与傩戏融合过程的历史背景。更具体地说,正如前述,明代时,来自江西的军屯制汉族士兵驻扎于高峰乡一带,并与彝族同化,可以认为,明代时传播了傩戏。

广田律子在《鬼之来路》中详细研究了汉族和少数民族中现在还在流行的傩戏实况,[4]特别详细地报告了江西省南丰县石邮村的追傩仪式(傩戏)。那里的追傩仪式在农历正月初一至十六日举行,"头人会"是管理傩祭的组织,"傩班"的成员实际表演祭祀活动,村里有个相当于村寨神社性质的傩神庙,这个庙宇是傩祭的中心,傩祭分"起傩、跳傩、搜傩、圆傩"四个部分。

起傩是所谓的迎神活动,在除夕至正月初一举行,除夕傩班参拜傩神庙的神灵(傩神太子、吴太尹公),从封存在傩神庙内阁楼的竹箱里取出面具,依次挂在神像前。正月初一,先行"请神",在面具前傩班朗诵迎神词章,然后参拜本村东西南北的各庙和宗祠。跳傩是实质性的驱鬼逐疫的仪式,初一至十六日下午在村里的各家各户进行,戴面具的傩班表演的曲目有《开山》《纸钱》《雷公》《傩公傩婆》《醉酒酒壶崇》《跳凳》《双伯郎》《关公祭刀》等八种,在各家所演出的节目不同,但是,开头表演的《开山》有清祓的意思,是必演项目。搜傩是十六日夜至翌日黎明彻夜举行的驱鬼仪式,扮演钟馗、开山、大鬼的三个面貌狰狞的鬼面依次跳到祭坛前,把右手的拇指、中指、无名指捏拢起来掐诀,用力向门口挥动。先在傩神庙里跳,再跳到各家各户。最后是圆傩,傩班遍访各家各户后,迅速跑回傩神庙,举行送神活动。

有趣的仪式是,傩班把放在庙里的傩崇偶人和面具全收入箱子里,把它们带到村南的河滩上,从箱子里拿出来排列好,大伯率七人列队在面具周围绕行两圈,然后再把面具放入箱子。这或许可以认为是驱除附在偶人和面具上的恶疫的仪式,之后,傩班回到傩神庙,吃傩饭,把面具放回庙内原来放面具的地方,这样就结束了祭祀活动。

随着傩戏作为民间仪礼发展,其演剧的要素日益加深,石邮村的追傩仪式充分显示了这一点。面具的数量很多,有"雷公、钟馗、傩婆、傩公、关公、开山"等,面具神因地区不同而有差别,有土地神、将军、判官、老翁等,丰富多彩。田仲一成指出,江西省傩戏中可见的面具中,经常出现的将军是三人

(唐将军、葛将军、周将军),这三个巨大的面具乘神舆,黑色的面具是第一大将,第二个是红色面具,第三个是黄色面具。[5]高峰乡的面具是黑、红、白色的,这与田仲所说的非常相似。从这个意义上讲,中国的研究者把这三尊面具说成是孟获、关羽、孔明,也未必是牵强的解释。

石邮村的追傩仪式与高峰乡的火把节的共同点是把面具作为神,依靠面具神的神力驱除各家的瘟疫,基本上可以说具备傩戏各要素的特征,但两者在具体的表演过程中又各有不同,就其不同点而言,高峰乡的火把节具有以下特点。

首先,作为傩戏的火把节与其他傩戏之间具有以下不同之处:

(1)节日的时间不是正月,而是夏季;

(2)主要的三尊面具很大,表演时不是戴在脸上,而是拿在手上;

(3)面具本身是每次在石模上拓下脸型,再用竹架、纸糊起来的;

(4)送神时,面具最后被烧毁;

(5)送神时,刀队队员在脸上、身上化妆。

就傩戏举办的时间而言,大部分傩戏是作为新年的仪式在正月里举办的,高峰乡的火把节是在农历六月的夏季举办的,这点显然不同。当然,火把节本身是夏季的节日,高峰乡的火把节由夏季的节日与傩戏复合而成,所以,时间在夏季是可以理解的。而且,这一带的彝族曾经把火把节称为星回节,作为新年的节日来举办,从这个意义上讲,在火把节期间举办迎新年的傩戏,这也是很自然的事。

火把节本身作为驱除害虫的送虫仪式至今仍保留在一部分少数民族中,而且因地区和民族的不同而不同,其渊源是古代中国各地举行的祭祀驱蝗神的送虫仪式,有趣的是,在宋代驱蝗神被称为"刘猛将军",各地把刘猛将军作为驱除害虫之神来祭祀。[6]即,送虫仪式中也包含了由将军神来驱除害虫这种瘟疫的思想,因此,可以说它具有容易与傩戏复合的基础。不过,即使那样,火把节与傩戏本身是不同的节日活动,两者融合在一起,这点是高峰乡火把节的最大特征。

其次是面具,多数傩戏的面具是戴在脸上的,因此,面具不那么大。但是,根据田仲一成的研究,江西的将军面具是很大的,将军神坐神舆游行。[7]因为高峰乡村民的祖先有的是明代来自江西省的屯兵,他们与当地女子通婚,所以,高峰乡与江西省的面具间或许有影响关系。

高峰乡面具的特点是大,而且只有三个。从江西省的傩戏报告来看,面具数量多,但也有只有三尊面具的情况。据田仲一成的推测,江西省的三尊将军面具本来是表示方相氏的一尊将军面具,为了增加威力,增加为三尊面具。[8]

我不知道高峰乡的面具神为什么是三尊,正如田仲所说,也可以认为原来一尊的面具增加为三尊了。不过,彝族的宗教基本上是自然宗教,没有复杂的神系,假设面具多是受了各种宗教(儒教、道教、佛教等)的影响,吸取了其中的神灵所致,那么,彝族不太吸收其他宗教的影响,信奉宗教人士毕摩传播的自然宗教,对他们来说,有三尊面具就足够了。这三尊面具分别是土地神、祖先神(人神)、天神,这三尊神灵代表了他们的世界观。

每次节日时依据石模制作面具,这也可以说是高峰乡面具的一大特点。重新制作面具,当然要举行给面具神安放灵魂的开光典礼。在一系列的开光仪式中,安放灵魂的"点睛"仪式是,先准备好一碗清水,咬破鸡冠,把鸡血滴入清水中,用毛笔蘸上滴入鸡血的清水,点傩神庙中供奉的"傩神太子"的眼睛、鼻子、嘴巴、耳朵,再点面具的眼睛、鼻子和偶人的头部。高峰乡火把节的开光点睛仪式基本上也一样。不过,毕摩是拧破鸡冠,抱着鸡,让鸡血滴到面具的眼睛、鼻子、嘴巴、耳朵上。开光仪式本身是相同的,因为高峰乡每次火把节要重新制作面具,所以每次节日要举行开光仪式。开光仪式是火把节开始时的重要仪式,制作面具,安放神灵,这说明高峰乡的彝族重视每次火把节时迎神的意义。

面具本身由竹架和纸简单地糊起来,这也是其特点之一。这与木雕的、长久保存的面具不同,可以说每次节日时来访神灵的性质表现在面具的性质上,即,神灵是在每次节日时出现并在节日结束时返回的。每次节日时制作并销毁面具,比长久保存的面具更能恰当地体现神灵临时来往的性质。

特别是火把节最后烧毁面具,这是火把节的最大特点。其他傩戏中的面具是长久保存使用的,因为在下个节日时要再使用,所以不被烧毁。而高峰乡火把节中的面具是每次节日时重新制作的一次性使用的面具,所以可以烧毁。烧毁面具充分体现了彝族在节日时对神的观点。

三尊面具都是驱鬼的神,其实,毕摩在节日时颂吟的《火把节祭经》有以下经文(请参阅本书的资料篇):

> 鬼名庚英颇,
> 庚英颇说啦;
> 鬼名伦司颇,
> 伦司颇说啦;
> 鬼名艾母灵,
> 艾母灵说啦:

这里的"庚英颇、伦司颇、艾母灵"三尊神灵被称为鬼,经文接着说,"为人赶灾鬼。为人要生病,生病因鬼起。"把灾难的原因归咎于鬼。当然,把神称为鬼,不能把神与灾难本身等同起来。例如,江西省石邮村的追傩仪式也是驱鬼的搜傩仪式,大鬼的面具登场,做驱除灾难的动作,鬼这个称呼未必是瘟疫本身,驱除灾难的鬼称为善鬼,以区别于恶鬼,但是,它们肯定还是鬼。驱鬼的方相氏在傩戏传到日本后成为被驱赶鬼的角色,这不能说是极日本式的变化。驱鬼的神长相狰狞,不输给鬼的威力。即使在中国,我们不能说驱鬼的神与作为瘟疫本身的鬼的本质不是知根知底的。不过,驱鬼的神是钟馗、将军,带有合适的神观念和刚强的性质。从这个意义上讲,在神的表象上有规范的区别。

不过,神的性质更接近自然神时,神观念中的刚强性质也会减弱,这时,区别驱鬼的神和被驱赶的鬼的观念的藩篱会变得更低。这时,为了驱赶人的灾难而来访的神相反可能成为灾难本身。高峰乡火把节中祭祀的三尊神也有这种神的性质,如果是这样,这些神的表象的面具不是永久的,而是临

毕摩祭祀三尊假面具

时的面具,最后在送神时烧毁,这也是可以理解的。

　　因为驱鬼的神包孕着成为鬼的可能性,所以村民必须彻底送神。在火把节时,为了不把驱鬼的神留在人世间,刀队最后用刀戳破了面具。有趣的是,戳破面具的刀具当场被扔在那里,如果没有刀具染上污秽的观念,就不会有那种行动。即,送神时,村民已经认识到面具神也会带来污秽,年轻人扔下刀具,当场跑去附近的水池洗身,洗掉身上的化妆,其中也包含着洗刷掉污秽的含义。烧掉面具是毁掉神灵,但正因为是神灵,其残骸和烧掉后的灰尘也是可以给人带来利益的。所以,村民用烟熏衣服,带回面具上的纸片和烧剩下的灰尘,也是理所当然的。

　　江西省石邮村的追傩仪式的傩班人员在送神仪式时把祭祀时用过的面具和偶人拿到河滩上排列好,绕它们走两圈,这也许可以认为是把面具上的污秽放在河流里冲走的仪式,村民认为面具上也沾着污秽,但是,面具本身不是送神。

　　以上探讨了火把节时的迎神、送神仪式,当然,祭祀的中心是驱鬼。不过,这个驱鬼仪式与其他傩戏相比是极朴素的,很多傩戏艺能化是因为驱鬼仪式本身成为演剧的曲目而繁荣起来。在石邮村,驱鬼仪式自农历正月初一持续到十六日,我们从中可知戴面具的表演剧目是多么认真细致。与此相反,高峰乡的火把节在各家的撵鬼时间是 20 分钟左右,以毕摩念经文为主,没有面具舞和演剧。

即使在这里,面具可理解为与其名称所带有的文化的、历史性故事无关,假设是历史上的将军,与将军相关的故事具有以某种形式来表演的可能性,不过,在火把节上,驱鬼的队伍模拟将军率领军队的样子,此外,把面具作为将军时,将军的故事没有在祭祀中表演,在这个意义上,它也是极简朴的节日。

送神时,持旗子和刀具的年轻人画着脸谱,这可以认为表演者扮演了精灵的角色,驱鬼时,手持旗子和刀具列队前进,这是傩戏的共同特点。这在《周礼》中关于方相氏的记载上也可以得到确认,这个祭祀活动一定伴有队伍,这个队伍后来与将军神相融合,带有与鬼作战的含义,演变成了军队的队伍。在这个意义上,我们可以说旗队和大刀队的行进显示了人的威力,在彝族的火把节上,人扮演精灵,这是很有趣的事。即,送神的队伍也是接近于自然神的。

九、结　　论

以上分析了高峰乡大小花箐村火把节的特点,现归纳如下。这个火把节中的面具神反映了彝族自然宗教中的神观念,接近于自然神。因此,它没有继承汉族和其他少数民族中流传的傩戏的文化性因素,即,没有艺能性的表演。当然,高峰乡的彝族与其他地区的彝族相比,汉化程度较深,因此,他们的火把节与傩戏才得以融合在一起,另一方面,也可以说它脱离了傩戏的艺能性侧面,演变为自然宗教因素很强的朴素的祭祀活动。

每次节日时制作面具,并在最后烧毁,这点是高峰乡火把节的最大特点。我认为这一特点是自然宗教的表现,面具是神本身。对村民来说,那个面具平时不在村里,每当节日时才出现,而且在节日结束时隐身而去,他们不制作永久性的面具,这在某种意义上是合理的,没必要管理面具的集团或设施,最后烧毁面具,非常象征性地实践了送神的观念。在某种意义上,神不是作为一种观念被象征化了,对村民来说,他是作为功利性的物质本身而存在的。临时制作的面具原本只是一个物体,在节日时经开光点睛才成为神灵,我们可以说神灵是通过物质的媒介而表现出来的,而且在节日结束时,保留着神力的面具被戳坏,被抢夺,最后成为四分五裂的物体,成为村民所拥有的物体。

在日本的"花祭"和"霜月祭"中,土地神是戴着面具登场的,在向村民祝福完后,节日最后结束时,被村民送回。这时,为了不让神灵留下来,送神仪式要做得彻底。在奥三河的古户地区举办的花祭中,供品最后被撒到地上,告诉神灵已经没东西可给他们吃了。在远山和田的霜月祭中,神灵寄宿的装饰物被刀具剁得粉碎,这也是为了不让神灵留在人间,而且,村民把纸做的装饰物碎片拿回家,当做消灾免难的守护神,因为那些碎片上也寄宿着神灵。

这种接触神灵的方法在"花祭"和"霜月祭"中并非有什么特殊的地方,它充分体现在日本底层文化中的人与神的关系中。如果那样的话,在底层文化上,高峰乡火把节中的人与神的关系也没什么不同。

注释

[1]　唐楚臣,普顺发.高峰乡火把节调查报告[R].张正军,冈部隆志,译.亚洲民族文化研究 3,2004(03)。

　　　　唐楚臣,普顺发.高峰乡火把节调查报告[R].彝族文化,1994(08).

[2]　张正军.彝族的祭司[C]//加治工真市.冲绳与中国云南省少数民族基层文化的比较研究(平成 10・11・12 年度文部省科学研究费补助金),冲绳县立艺术大学附属研究所,2001.

[3]　铃木正崇.追傩的谱系[C]//松冈心平.鬼与艺能.东京:森话社,2000.

[4]　广田律子.鬼之来路——中国的假面与祭仪[M].东京玉川大学出版部,1997.//

王汝澜,安小铁(译). 北京：中华书局,2005.

［5］ 田仲一成.中国的追傩仪式与早期的英雄武剧[C]//松冈心平.鬼与艺能.东京：森话社,2000.

［6］ 伊藤清司.实盛起源考[M].东京：青土社,2001.

［7］ 田仲一成.中国演剧史[M].东京：东京大学出版会,1998.

［8］ 同注 7。

中国云南省弥勒县彝族红万村"火祭"的动物供牲

2006 年 3 月 1 日、2 日,我考察了中国云南省弥勒县西一镇红万村的"火祭",本文是关于"火祭"的调查报告及关于祭祀中动物供牲的研究。

一、红万村"火祭"的概况

我们考察组共六人,日本方面有冈部隆志、原田信男、川野和昭、中路恒夫、山田仁史,中国方面有张正军。

彝族在中国有户籍登记的有 871 万 4 393 人(2010 年),主要聚居在以四川省凉山彝族自治州、云南省楚雄彝族自治州、红河哈尼族彝族自治州等为中心的全国各地。可分六大方言区,但彼此间几乎不能通话。各地区有彝族的支系,我们考察的红万村彝族是红河地区西一镇的彝族,属于彝族阿细人支系,红万村有 275 户人家,人口 1 178 人。[1]

火祭在农历二月二日、三日举行,二日在村寨附近的密枝山祭神树,在村口路上竖立刀门作为祭祀活动的范围,然后供奉猪做牺牲。三日举行祭火仪式,先钻木取火,把它作为神圣的新火放入铁锅中,大家抬着这口铁锅,在村寨的宗教人士毕摩的引导下巡游到各家各户。放着新火的铁锅被抬到各家各户后,村民把灶里的旧火扔到路上,迎接新火进入家门。另一方面,有一组人抬着放着火神像的轿子,他们几乎赤裸着,全身涂成各种花纹,与很多手中持矛的村民一起在村里游行。村里洋溢着宛如狂欢节的气氛。抬着火神的队伍不久到了村寨的广场上,围着篝火跳舞。跳完舞,身上的佩饰物、火神像及轿子等被扔到附近的树林里。另一方面,抬着新火的队伍不久到村寨的外围,把划出界限的绳子(密枝山上用过的刀门)拉倒路上,杀鸡,把鸡血淋到新火上,把鸡头和羽毛挂到划界的绳子上,拉好界绳。这样,火祭就算结束了。

据说火祭由来于下面的神话:

阿细人的祖先们曾经住在祭龙山上被称为红石岩的巨岩下的洞窟中。祖先们吃果实和野草,以树皮和兽皮为衣,把棍棒和石头当工具来使用。当时人们还不知道用火取暖和做饭。所以,祖先们只好过着非常贫困的生活。有一年,出现了一个很能干的人,他叫木邓。阿细人的祖先在山上狩猎时被风吹雨淋,大家冷得全身发抖,只好拥挤在一起相互取暖。只有木邓用一根小木棍按在另一根大朽木上使劲不停地钻动。这样不停地劳作,终于在农历二月初三这一天,朽木被钻出了火星,星星之火,燃起了一片光明。其结果是,阿细人的文明得到了发展,人们过上了富裕的生活。大家把这个发明了"钻木取火"的阿细人的英雄木邓作为祖先神与火神来迎供,这是火祭的由来。[2]

这个火祭是彝族人的支系阿细人传承下来的节日,除了红万村外,同样是彝族支系阿细人居住的西三镇可邑村也在举行火祭。可邑村的火祭在农历二月十一日举行,好像其他也有村子在举办,但是现在红万村和可邑村的火祭最有名,规模最大。

红万村的火祭好像自古就有,不知什么时候开始举行的,1949年新中国成立后一度中断,20年前又恢复了火祭,1993年电视台播放了这个节日,全国的记者来采访火祭,现在作为奇祭而广为人知。

二、采 访 记 录

2006年2月26日10时,我们考察组从成田机场出发,在广州白云机场转中国国内航班,晚上 8 点抵达昆明机场。

2 月 27 日上午,参观云南民族博物馆,中午与张正军汇合,14:30 出发去弥勒县。途中访问了高速公路旁的农家,参观了他们的生活用具,17 时左右到弥勒县城。

3 月 1 日 9 时,我们从弥勒县的宾馆出发,途中参观了城郊路马黑村的山神庙,它最早建于清代,1991 年重建。

10 时,我们抵达红万村,先去村公所拜访村长,每人捐助了 500 元钱作为参加节日的费用,工作人员发给我们一顶黄帽子,作为节日活动参加者的标志。只要带着这顶黄帽子,村民就会免费招待我们吃饭,村民们为举办节日带着大米、肉和现金交给村公所,事务人员把捐助物逐一记在账上。两头黑猪被拉到后面的广场上,在秤上称完重量,据说这两头猪不是用作供牲的猪,而是用于招待参加节日活动的客人的。

12 点 10 分,我们在村里的食堂里吃完午饭,去毕摩石学林(80 岁)家采访。

据说石学林是 62 岁才开始做毕摩的,直到 5 年前才停止。他十五六岁时村里就有这个节日,从那时开始参加祭火神活动,他没有特别学习毕摩的法事,只是住在以前那个毕摩家的隔壁,就记住了毕摩吟颂的经文。我们请他唱了火祭时唱的经文,内容比较简短,讲的是一年 365 天,愿全体村民清洁平安、消灾免难。这段经文在杀猪并把猪肉供给神树时吟诵。

三、祭 密 枝 山

3 月 1 日 14 时,毕摩和村民去附近的密枝山,我们也跟着去了,途中去了养着供神用的猪的那户农家,村民把那头猪从猪圈里拉出来,赶到拖拉机上。

14 时 20 分,我们到了密枝山,首先看到从村里通向山林的路上已经建好了山门(结界),大家称之为刀门。刀门的建构是这样的,两根竹子树立在道路两旁,竹子的顶端拉着一根绳子,绳子上绑着 13 把木刀,刀刃朝着地面,绳子上还绑着尖头草。拖拉机载着猪到了山门前,大家把猪赶到地上,毕摩用清香枝沾水淋到猪身上,驱除猪身上的污秽。大家拉着猪过了山门,再拉到山林里。这时年轻人躲在山林中化妆,并禁止大家近前观看。

15时10分,那头猪被拉到神树附近,毕摩用树叶沾水,浇在猪身上,再次给猪净身。毕摩摇着铜铃,口里念着经文。然后,有五六个近似裸体的人,身上画着图案,腰上挂着棕榈树叶,手持长矛和棍棒,突然出现在跟前,一边发出奇怪的声音,一边围着猪,或用脚踢猪,或用长矛戳猪,然后,一个年轻人拔出刀子杀死了那头猪,再用棍棒架起猪抬到树林外面的山路旁,几个人把猪开膛破肚,砍下猪脚和猪头,放到火上烤,取下肩胛骨上的肉。被肢解了的猪被砍成小块,放入大锅里煮,山路上支着七八个大锅,大家在准备饭菜。

16时50分至17时40分祭龙树。神山中有两棵神树,大的那棵是公龙树,小的那棵是母龙树,表示男女二神。大家把猪头、猪脚、猪尾巴、猪肩胛骨上的肉拿到公龙树下,毕摩在公龙树下的石板上铺好松树枝,在石板上放着猪头、猪脚、猪尾巴、一碗米饭、一碗酒,以作供品。石板的最里边左右两侧竖立着一根分叉的树枝,分叉处再搁上一根横木,毕摩焚香,用树叶沾水,清除周围的污秽,然后边摇铜铃边念经,约10分钟后,站在背后的村民全体跪拜神树,然后村民用

装扮成原始人(祖先)的年轻人杀死了供神树的猪

用猪供祭神树

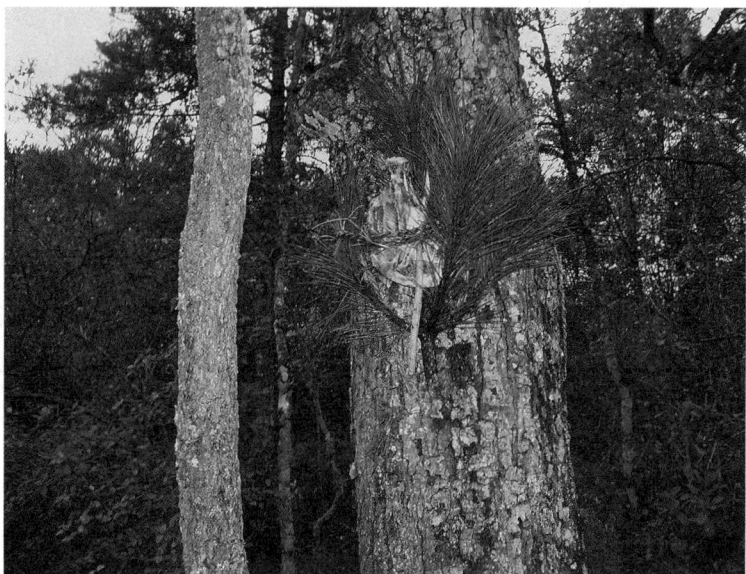

绑在神树上的猪的肩胛骨

绳子把松树枝、猪肩胛骨、分叉的树枝绑到 2 米高的神树树干上,那棵树干上
还残留着以前绑过的供品的残骸。祭完公龙树后,村民在母龙树上绑松树枝
和分叉的尖树枝。这期间,毕摩一直一边摇着铜铃,一边念经文。念完经文

后,毕摩用树叶沾水清除污秽,仪式就这样结束了。毕摩走后,村民放鞭炮。

18时,山路上已集中了大量的村民,一帮女人在唱歌,年轻男女在唱对歌,节日气氛高涨。有的人在准备晚餐,把碗筷放到路上排好,把在大锅里煮熟的猪肉饭分发给大家吃,很多村民沿路坐着开始吃饭,这天的仪式就这样结束了。19时左右,我们离开红万村回宾馆。

3月2日9时,我们到红万村。一个大人和一个小孩站在村口的刀门旁,看守着刀门,他们几乎赤身裸体,身上绘着彩绘。旅游者在此登记报到,进入刀门,有一个宽阔的停车场,不久,进来好几辆大客车,很多旅游者来村里参观节日活动。

在村里,村民已经准备好了火祭队伍游街时用的火神像、伴神的飞龙马,都是用竹子编好形体,糊上纸,涂上色彩而做成的,火神有2米高,很大,游街时,火神被放在轿子上抬着走;马有两匹,人站在镂空的胴体里走。

12时,村中神树附近的道路上铺好了松针,长约百余米,铺好松针的两侧坐着来参观的游客和村民,松针上摆放着碗和碟子,村民把米饭和菜分发给大家吃,大家开始吃饭,这就是长龙宴。

长龙宴

15时,我们采访了毕摩阿玉忠,以下是与火祭相关的采访内容。

Q:我们从昨天的祭祀活动开始提问,那个山门叫什么名字?

A:那个山门叫刀门,意为挂着刀具的门,那座神山叫密枝山。

Q:那个树神是什么样的神?

A:我们每年去密枝山杀猪上香,祈求神树保佑村里六畜兴旺,村民健康平安。那棵神圣的树是山神,村子附近有12座大山,昨天祭祀的是这12座大山的树王。一年一次祭祀山神。

Q:放供品时,您还放了一根分叉的树枝,那是什么意思呢?

A:我们原始人没地方居住,只好住在连屋顶也没有的简陋房子里,那根树枝象征着房子。

Q:神树上绑着猪的肩胛骨,为什么要供祭猪的肩胛骨呢?

A:肩胛骨象征着整头猪,意为整头猪都供祭给了神树,对猪来说,肩胛骨是最好的地方。

Q:杀猪时,有没有把某个部位特别留出来送给某个人的情况?

A:一般是把猪肉放入锅里煮着吃,没规定哪个部位的肉必须给某个人吃,谁吃都行。

Q:你们把肩胛骨和树权绑在一起,这是为什么?而母龙树上没绑那些东西。

A:因为是夫妻树,所以绑在哪棵树上都行。

Q:为什么要一起绑上树权呢?

A:那是我们的祖先原始人猎获野兽的武器。

Q:那一起绑上松树枝是什么意思呢?

A:祖先原始人把松树枝铺在屋顶上造房子,它表示原始人住在那样的房子里。

Q:很久以前的祖先来自哪里呢?

A:很久以前从大理迁徙来的。

Q:人死后,灵魂回到哪里去呢?

A：亡灵回到石林的老圭山。

Q：祖先经常会回到村里来吗？

A：村里有大小节日时，祖先会回来看望子孙。

Q：有没有阿细人最早居住的山洞？

A：我们村现在叫红万村，但原来叫红岩村，最早确实住在红岩下的山洞里。

Q：那么说，从大理迁徙来的祖先住在那个山洞里吗？

A：是的。

Q：除了你们村，其他还有村寨在举办火祭吗？

A：其他村寨也有举办火祭的，但都是模仿我们村来举办的。我生于1942年，在我生下来之前村里就在举办火祭，其他村寨的人来我们这里观看。毛泽东时代没举办火祭。

Q：你们村里其他还有哪些节日呢？

A：三月三日祭龙树。昨天祭龙树的地方上面有个龙潭，在那里祭龙树。祭祀的方法与昨天的稍有不同，昨天的供牲是公猪，三月三日的祭祀要用母猪。

Q：为什么要用母猪呢？

A：因为供母猪会流出水来。

Q：那昨天为什么要供公猪呢？

A：那就不知道了，以前就这么传下来的。

Q：其他还有哪些节日呢？

A：五月五日是端午节，6月24日是火把节。

Q：火把节有哪些活动呢？

A：火把节时不杀猪和羊，近几年没举办火把节了。政府不资助，办不了。

Q：杀猪时，化妆后的年轻人在戳猪，那是什么意思？

A：我们的祖先没有武器，就用那种方法捕获野兽，那是再现祖先捕获野兽的情景。

15 时 40 分,村里的神树周围铺好了松针,神树前建好了刀门,毕摩来到神树前,供上水和米饭,吟诵经文,用树叶沾水,把水洒落到神树周围,驱秽净身心,神树附近放着一只被绑了脚的鸡。

神树周围聚集了很多装扮成原始人的村民,有的在裸体上涂了花纹戴着面具,有的腰上绑着棕树皮,阴茎上套着半个葫芦,坐在轿子上的火神、火神的侍从飞龙马都集中到神树下,周围围着很多参观者和摄影爱好者。

16 时 20 分,装扮成原始人的村民围着神树,敲着铜锣,开始绕着神树跳舞,不时发出欢呼声,锅庄舞的中心放着一棵约 50 米长枯木,上面已钻好几个树洞,在树洞里放好蔓草,用另一根细长的木头钻枯木上的树洞,钻木取火。一会儿,枯木上发出烟雾,取得火种,蔓草点燃了,然后把火种接到铁锅中,那口铁锅被拴在一根木棒上,由两个人抬着走,不久,毕摩和抬铁锅的队伍抱着一只鸡,离开神树,以火种为先导,装扮成原始人的队伍"喔喔"地叫着,跳着舞,开始游街活动。

毕摩一行抬着装了火种的铁锅,抱着鸡,与火神的队伍分开走,来到村

原始人(祖先)开始游街

抬着火神游街

中央,各家各户的妇女从灶台下拿出炭火(旧火),扔到路边,再从铁锅里取回新火,抬着火种的队伍通过后,只见路边到处都是旧火灭了后的炭灰。

装了火种的铁锅

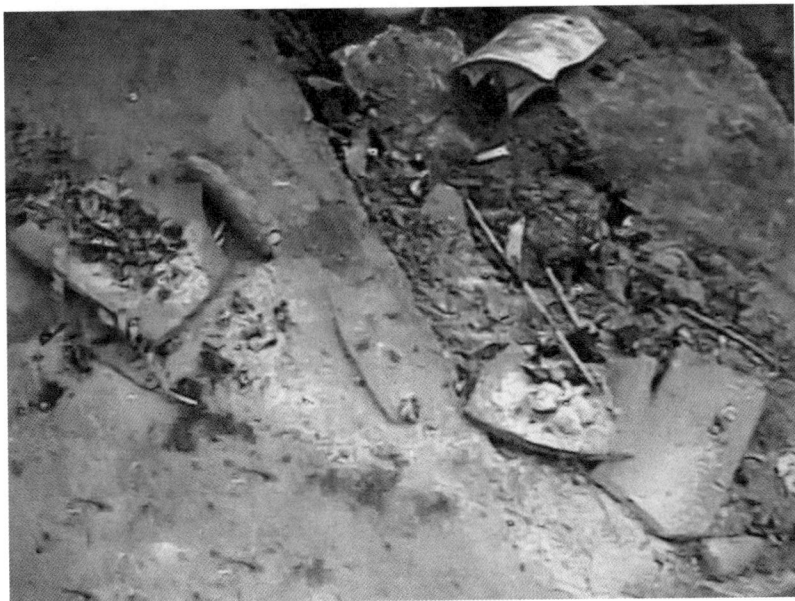

扔在路边的旧炭火

17时,以火神为先导的游街队伍穿过村中央,来到村边的广场上,通向广场的路边排列着节日时常见的小摊,队伍从中穿过,队伍中还有人抬着石磨等祖先的生活器具,广场上已围满了观众,扮演原始人的队伍在广场上围着巨大的篝火开始跳舞。

17时30分至17时50分,抬着火种的一行人进入广场,绕广场走了一圈后,又走出了广场,走向村边的羊肠小道,他们在那条小路的两边搭建了刀门,做了结界。毕摩左手拿了一碗水,右手摇着铃铛,开始念经。这时放着火种的铁锅摆放在地上,有人把鸡拿到铁锅上,用刀子插入鸡脖子,把鸡血洒到火种上,毕摩把死鸡踢到刀门外,然后砍下鸡头和鸡脚,放下刀门上的绳子,把鸡头、鸡脚和鸡毛绑到那根绳子上,再把刀门高高地拉在路的两旁。仪式到此结束。锅中的火被倒在路边,毕摩抱着死鸡回去了。

18时15分,在广场上跳舞的人陆续散去,用竹子和纸糊成的火神和飞马龙被扔到广场附近的树林里,游街的"原始人"跳到村里的水池里洗去身上的花纹和彩绘。

用鸡血供新火种(火神)

被踢到刀门外的死鸡

被绑在刀门上的鸡

　　20时,我们离开红万村,回到弥勒县城。

　　3月3日,我们回到昆明,与神话学家李子贤、云南大学教授兼可邑村村长彭多意座谈,并询问了火祭的问题。

　　3月4日回国。

　　在神话中,火神木邓把火种带到村里,而红万村的火祭再现了这一神话。在中国西南少数民族中,这种再现村寨起源的神话时代的祭祀还有彝族的"跳老虎"、"撮泰吉"等,跳老虎流传于云南省楚雄州双柏县的几个地区,峨足村的跳老虎在每年农历六月二十四日举行,节日那天从11岁到15岁的男子都裸体,用布包头,头上插羽毛,身体上画虎豹的图案。这一带彝族流传着老虎与彝族的女子结婚生下了彝族祖先的神话,老虎是祖先神,孩子们把自己装扮成祖先神老虎的样子,展现了各种行为艺术。即,表演祖先来到人世和村寨的起源。[3]此外,双柏县法脿镇小麦地冲村的老虎笙是在正月初八至十五日举行的"虎节",节日时八个男子扮演老虎,一边跳舞,一边表演修路、架桥、建房、生育、农耕等行为,跳老虎笙的人访问各家,为村民驱灾招福。[4]

"撮泰吉"是流传于与云南省接壤的贵州省威宁彝族回族苗族自治县板底乡的变人戏。正月里,扮演祖先者戴上面具,表演农耕时的各种场面,给村寨驱灾降福。[5]

火具有降魔、保佑村寨洁净平安的魔力。红万村的火祭包含着驱除灾难、使村寨平安的意义。节日当天,毕摩一行抬着钻木取火所得的火种在村中巡游,村里各家各户的女主人用灶膛里的旧火来换取新火,这也意味着驱除旧火中的灾难,使灶膛清洁,意味着生命的更新。在这个意义上,这个祭祀也是本地的正月仪礼。

这个火祭活动展现了村民的祖先曾经住在洞穴,不知道使用火的狩猎时代的生活,村民在躯体上画纹样,装扮成原始人,在村里巡游,这种行为艺术非常有名,这种化装本身也是村民为了完全成为精灵的艺术表演。

如果把火神作为神话故事来考虑的话,那是英雄木邓的故事,而对举办祭祀活动的当事者的村民来说,节日当天迎来的神灵不外乎是能给他们消灾免难,确保清洁平安、五谷丰登,获得生命力的神灵。正因为祭祀能在人世间展现那些神灵,消除人世与冥府的界限,村民才会扮演神灵,在祭祀仪式上游行。这种行为艺术在"跳老虎"中也好,在"撮泰吉"中也罢,基本上是一致的,也是全世界可见的祭祀方式。

接下来不是分析火祭本身,而是想探讨火祭前一天在密枝山举行的"祭密枝神"和火祭最后举行的结界仪式。

火祭的前一天,在红万村附近的神山"密枝山"上举行了杀猪供祭神树的仪式,神树是男女一对的两棵树,叫"公龙树"和"母龙树",毕摩和村民用猪作供品祭祀这两棵神树,大家一起吃在山上屠宰的猪肉。

"祭密枝神"本身可以说展示了红万村的神树信仰,但是,我们不知道该祭祀活动是否是次日火祭的准备,还是本来与火祭不同的节日,后来与火祭一起举行了。不过,"祭密枝神"本身确实与火祭有关。

杀猪时,五六个年轻人突然跳了出来,他们身上画着与火祭时同样的图案,追赶着并把它杀死的方式再现了祖先狩猎时代的情景。神树上装饰着树杈和松枝,这些表示祖先在原始时代居住的简陋小屋,这些细小的仪式所隐含的意义与次日举行的火祭具有关联性,不过,祭祀本身的意义是向神树(山神)祈求村寨的平安,它本身与火祭并无特别的关系,是无论何时或者无论何地都在举行的一种仪式,神树也不是火神。

不过,其他地方的彝族在节日的前夜祭时,也有用动物供牲的情况。例如,云南省楚雄州双柏县者柯哨村的彝族在火把节前一天用牛做牺牲。据星野纮的考察,村民在村寨附近的杀牛山杀死一头牛来供神,牛被拉到杀牛山后,毕摩"念经,颂唱古歌",然后,站在东方和西方的各六名村民把牛举起来,你推我搡(年卜?),最后"杀牛,剥牛皮,剔除骨头,在锅里煮牛肉,不久大家一起出席祭神酒宴"。[6]

据说,毕摩这时吟诵的经书是《悔过调》,"通过杀牛,把人际关系上的纠纷和过失流放走,这是用牛作供牲的目的(供牲动物的灵魂是上天的)。"仪式上请来的神灵是祖先神喜鹊,毕摩"喊出席祭祀活动的每个人的名字,祈求神灵保佑各家各户的幸福",祖先神喜鹊是女的,她既是祖先神,又是火神。

火把节的目的是请来祖先神,驱除村里各家各户的灾难。火把节在农历六月举行,是云南省几个少数民族都在普遍举行的仪式。它可谓是驱虫的仪式,是用火把的神力驱除灾难的节日祭祀活动。虽说是"火把节",但其祭祀的内容因民族和地区的不同而千变万化,在者柯哨村的火把节中,节日的中心是村民跳铜锣舞,敲打铜锣的队伍巡游到各家各户,敲打门锁,驱除灾难。

楚雄州禄丰县高峰乡的彝族火把节也与这个铜锣舞类似,村民把竹子和纸做的三尊大面具看作神灵,抱着面具神的队伍去村里的各家各户驱鬼招福。当时村民也敲铜锣,把锁链套在各家主人的脖子上捕捉恶鬼,有在身上画图案的行为艺术。虽然高峰乡的火把节是傩戏的变形,但是,消灾免难的意义与者柯哨村的火把节是一样的。不过,高峰乡并没有特别的猪和牛做牺牲,节日的前一天,村民会去土主庙杀鸡,把鸡血和羽毛粘到土主庙的神像上,再供肉和鸡蛋,那是在火把节前喊回家人在外面浮游着的灵魂的仪式。[7]

者柯哨村的火把节中的牛牺牲与红万村祭密枝神中的猪牺牲是有共同点的。红万村现在不举办火把节,或许可以说火祭代替了火把节的功能,祭祀期间,虽然表演艺术不同,但是迎接火神祖先,祈求村寨平安的目的,无论是者柯哨村的火把节还是红万村的火祭,都是一样的。

节日前一天供牲的意义或许没什么大的区别,不过,红万村的祭祀中包含神树信仰,用牺牲供奉的"密枝神"具有较强的自然神性质,没被看成是作为祖先神的火神。这是不同之处。

者柯哨村火把节中供牺牲牛的目的是"通过杀牛,把人际关系上的纠纷和过失流放走"[8],牛本身已经成为被祓仪式的一部分。关于动物供牲成为被祓仪式的调查报告,请参阅笔者在调查云南省小凉山彝族昔腊坪村火把节后撰写的"伊茨黑仪式"报告。[9]

在"伊茨黑仪式"中,毕摩把一家人身上的污秽转嫁到羊身上,把羊杀死,连同污秽一起带到冥府。它非常类似于日本"度暑之祓"仪式中用偶人代替动物的做法,羊既是赠送给神灵的礼物,同时也把污秽带到神灵世界,牛牺牲的作用大概也与此相同。星野纮在前述报告中解释说"供牲动物的灵魂是上天的",特意要强调升天,这里肯定隐含着把污秽带走的含义。我不知道红万村的猪牺牲有没有包含那种被祓的意义。

火祭的最后阶段,毕摩在村外杀鸡,把鸡头、鸡脚绑在结界的绳子上,这个仪式具有被祓的含义。

毕摩先杀死鸡,把鸡血淋到放新火种的铁锅里,这或许可以理解为把鸡供奉给火神。此后,毕摩把鸡踢到立在路上的刀门外,这个动作怎么理解呢?

因为毕摩是从里往外踢的,或许意为把污秽驱除到村寨的外部,即对面的另一个世界。回到昆明后,我们向彭多意(云南大学教授,兼弥勒县可邑村村长,可邑村也举办火祭)、李子贤(神话学家,云南大学退休教授)请教了火祭的问题,彭多意介绍说,在可邑村,供牲用的鸡在念完经后成为神圣的鸡,成为联系人和神的使者。李子贤教授认为,因为鸡是圣物,把鸡头、鸡脚绑在绳子上这应该是驱鬼的意思。总之,鸡是联系人和神的使者,这种观点很有趣,作为使者的鸡同时可理解为把人间的污秽带到神界的动物。作为供牲的鸡既是神灵的供品,又是把人间的污秽带给神界的动物,具有双重意义。

毕摩把鸡头、鸡脚、鸡毛绑在结界(刀门)的绳子上,突然把绳子拉直挂起来,这可看成是驱鬼的意思。有趣的是,把供牲的动物肉绑在结界的绳子上用于驱鬼的仪式类似冲绳的"simakusarasi"仪式。[10]

把供牲的动物肉绑在结界的绳子上,这为什么会带有驱鬼的意义呢?我不知道其中的原因。它是李子贤所说的正因为被神圣化了才用于驱鬼,还是给瘟神的供品呢?我曾考察过云南省怒江流域的傈僳族文化,那时请当地人做了驱鬼仪式,也是杀鸡的仪式,当时把鸡胗供祭给鬼,其意思是只有这么难吃的东西,别无他物了,鬼快滚出去吧。火神祭时毕摩只把鸡头、鸡脚、鸡毛绑在结界的绳子上,这也可以认为有那种意思吧。不过,在聚餐时,鸡汤中的鸡头往往是身份高的长辈吃的,所以,鸡头未必有难吃食物的含义。这似乎是个难解之题。

红万村的"火祭",正如在其他地区彝族的节日中也能见到的那样,是迎接祖先神,给村寨除灾祈福的节日活动,祖先神不同,参加活动的村民身上的图案也不同,节日祭祀的意义、结构本身是基本上一样的。不过,这个节日伴随着动物供牲仪式,我们如果着眼于供牲仪式,可以确认与神的媒介这个大的原则是通过动物供牲的行为来实现的。

这时,被杀死的动物的肉成为奉献给神灵的供品,在红万村,猪肉中最好吃的肩胛骨部位的肉用于供神树,当然,这也有食物的含义。另一方面,供牲的动物本身被放置在结界线上时,它也有消灾免难的含义。火祭中的鸡便是那样的动物。特别是毕摩把鸡血淋到新火上,表示给神的供品,鸡牺牲本身具有双重含义。

以上分析了红万村的"火祭","火祭"本身作为"奇祭"曾被媒体报道过,成为受广大观光者青睐的节日。因此,游街时以祖先神的偶人为先导,村民装扮成原始人的样子紧随其后,这一游街活动非常热闹。可是,热闹的表演接近尾声,毕摩在附近的小路上举行送神的结界仪式时,只有当事人与去采访的我们几个人。

这个节日的主干部分是节日的前一天在密枝山供神树的猪牺牲、家家户户更换灶膛里的新火、节日快结束时在村外路上结界供奉鸡,这些底层文化中的仪式不是可以招徕游客值得观赏的东西,但对彝族人来说,这是为了稳定地维持人与神关系的重大仪式,我们能确认这些,也算是有所收获。

而且,我们再次确认了把动物的生命奉献给神灵的复杂的含义。

注释

[1] 田畑久夫等.中国少数民族事典[Z].东京:东京堂出版,2001.

[2] 葛永才,蒋剑.火祭[M].昆明:云南美术出版社,2004.

[3] 普艺.哀牢山跳虎豹[J].山茶(人文地理杂志),1999(05).

[4] 星野纮,野村伸一.歌·舞蹈·祈愿的亚洲[M].东京:勉诚出版,2001.

[5] 后藤淑,广田律子.中国少数民族的假面剧[M].东京:木耳社,1991.

[6] 星野纮.欧亚大陆艺能的古层[M].东京:勉诚出版,2006.

[7] 冈部隆志.云南省禄丰县高峰乡彝族火把节——傩戏的接受与发展[J].亚洲民族文化研究(3 号),2004(03).

[8] 同注 6。

[9] 冈部隆志.死亡与被禊——中国少数民族彝族的"被禊"仪式与日本的被禊的比较研究[J].东北学(VOL6).2002(05).
      冈部隆志,远藤耕太郎.中国云南省小凉山彝族的"火把节"起源神话与"伊茨黑仪式"[J].共立女子短期大学文科纪要(第四十四号),2001(03).

[10] 宫平盛晃.南岛 simakusarasi 的性质[C]//原田信男,前城直子,宫平盛晃.被奉献的生命——冲绳的动物供牲.东京:御茶之水书房,2012.

纳西族"祭署"仪式中可见的自然与人

一、纳西族的三大祭祀

纳西族聚居于以中国云南省西北部丽江为中心的区域,现有人口28万多人,宗教文化以东巴教而闻名。东巴教不是教团宗教,它是由被称为东巴的祭司传承的经典、神话以及东巴举行的各种仪式等所构成的体系性的宗教。

现在祭司东巴的人数在减少,以前纳西族的村寨里有东巴,负责村里的全部宗教性活动,东巴教中有用东巴文字记录的东巴经,东巴掌管这些经书,在仪式上吟诵这些经书。据说如果把各地区东巴使用的经书收集起来的话,其数量非常庞大,现在出版社已出版了主要的东巴经汉译全书百卷。[1]

东巴教与云南省其他少数民族的宗教相同,自然宗教的性质较强,但也因毗邻西藏的原因受喇嘛教的影响。此外,由于丽江纳西族历史悠久,东巴教也受到了汉族文化的巨大影响。

丽江历史上在中国西南地区属于重要的交通要塞,既是自四川省至印度的南方丝绸之路上的中转站,也是连接西藏与云南的茶马古道上的中转站。因此,各种文化汇聚到这里,东巴教也吸收了各种宗教文化。

纳西族有很多节日祭祀,其中,"祭天"、"祭署"(有时写作"祭暑",本文统一写作"祭署")、"祭风"被称为是纳西族的三大祭祀。本文将介绍这三大祭祀之一的"祭署"仪式,并通过该仪式探讨纳西族中自然与人的关系问题,下面先简述这三大祭祀。

"祭天"在农历正月和七月举行,一年两次,是祭祀天神(纳西族的始祖崇忍利恩的岳父子劳阿谱)、天舅(衬红褒白的舅舅)、天神之妻(衬红泽祖)的仪式。祭坛上树立三棵树,中间的柏树代表天舅,左右的黄栗树分别代表天神和地母。[2]纳西族的起源神话《人类迁徙记》讲述了"祭天"的由来,该神话的梗概如下:

> 天地分离后,大海中生出的第七代神生下了人类祖先崇忍利恩。崇忍利恩有五个兄弟和六个姐妹,因为没人跟他们结婚,这些兄弟姐妹就互相结婚了,因此惹怒了天神。天神发起了洪水,唯有崇忍利恩幸存了下来。后来崇忍利恩与天神子劳阿谱的女儿衬红褒白恋爱了,两人一起去天上,崇忍利恩在衬红褒白的帮助下,经受了天神的各种考验,两人结婚了。两人来到地上,生下三个孩子。这三个孩子过了三年也不会讲话,父母与东巴商量,举办了祭祀天神的仪式,祭天后,三个孩子会讲话了。大哥讲了藏族话,成为藏族;二哥讲了纳西语,成为纳西族;三弟讲了白族话,成了白族。[3]

纳西族祖先崇忍利恩及其妻子在东巴的指导下举办了"祭天"仪式,这是现在"祭天"仪式的起源,东巴的经书《人类迁徙记》也是讲述"祭天"起源的神话。

东巴在神话中对纳西族祖先的祭祀活动起到了重要的指导作用,当然,该神话也是确保包括吟唱该神话在内的东巴经并举行"祭天"仪式的东巴权威的内容。这样,东巴自纳西族的起源到现在作为连接天地、神人的媒介,是纳西族宗教的中心人物。

"祭署"是祭祀署神的仪式,署神是自然神,人类侵犯了署神拥有的自然,为了赎罪,人才举办"祭署"仪式。关于该祭祀,笔者将在后文探讨。

"祭风"是镇住异常死亡者灵魂(鬼)的祭祀仪式,异常死亡者的灵魂会飘荡在人世间,给生者作祟。因此,东巴要镇住其灵魂,防止它给生者带来祸患。特别是对殉情死的人,东巴要举行"祭风",以镇住其灵魂。纳西族以前有很多殉情死的人,他们相信殉情死后其灵魂会到丽江附近6 000米高的玉龙雪山上。遭父母反对的年轻恋人期望死后能去玉龙雪山而选择殉情,殉情者没有孩子,其灵魂(鬼)没有归处。因此,东巴的作用是举办"祭风"仪式,引导殉情者的灵魂回到该去的地方(玉龙雪山上为殉情者准备的他界)。

二、"祭署"仪式

笔者每次访问丽江,参观东巴博物馆里展览的"祭天""祭署""祭风"的图景时,总想考察"祭署"仪式。因为展览室里的说明栏写着"祭署"仪式是人类对自然神的赎罪仪式,它直接说明了人类与自然的关系,这引起了我的兴趣。以自然宗教为背景的祭祀当然与自然有关,但是,把自然本身神格化到这种程度,以人与自然间的对立和融合为主题的祭祀并不多见。因此,我们联系了东巴博物馆的馆长,希望能安排考察"祭署"仪式,得到馆长的许可,我们于2008年8月赴丽江考察"祭署"仪式,考察组成员有:冈部隆志、张正军、远藤耕太郎、北条胜贵。我们请在东巴博物馆工作的东巴给我们实际表演了简化后的"祭署"仪式。

主持祭祀的东巴叫和国伟(58岁),他带我们到博物馆附近的黑龙潭公园,在泉水涌出的水边再现了"祭署"仪式。仪式的时间约一个小时,东巴带了一个年轻的弟子同去做仪式,这个仪式是大部分被简化后的仪式。

"祭署"仪式本身本来是要三天才能做完的,下面参照《纳西族传统祭祀仪式》[4]先介绍三天"祭署"仪式的过程。

"祭署"仪式一般在每年农历三月属子、辰、巳、申的日子里举行,第一天做祭祀的准备工作,祭署的祭坛叫署古坛,设在村外泉水涌出的地方,首先东巴要准备建于祭坛上的用短木片做的门和塔等,要制作祭木、画署神的木牌、东西南北中五方署神的画、祭祀现场的署神、供署神的物品、动物画、画着恶署的木牌，木牌上的图案都是东巴画的，准备供品，清扫祭坛。

第二天，在祭坛上插祭木，建寨门和塔，插署神（善署和恶署）木牌，建善署寨和恶署寨，祭坛上方设神坛，悬挂萨依威德（东巴教的至尊神）、恒丁窝盘（至尊神）、署美纳布（署神）、丁巴什罗（东巴教教祖）、神鹏（守护神）、优麻（战神）等纳西族崇拜的代表性神灵和画着东巴教教祖的画轴，神坛和善署寨前摆设香炉、净水壶、香烛、五谷、水果、点心等供品，东巴吟诵除秽经，举行除秽仪式，给参加祭祀者和祭祀场除秽，接着迎战神优麻，捣毁恶署寨，然后东巴念颂《署神的来历》经，把署神迎请到村寨里，为了让署神安睡，用一块白麻布把署神寨围起来，把署神门锁好，结束第二天的祭祀仪式。

第三天，东巴给神坛、署神点香，上供品，给恶署点神药，献供品，然后送走。东巴给署神献一只公鸡，最后，在场的全体人员向署神磕头，祈求五谷丰登、六畜兴旺。东巴念《送神经》，人们把一枝象征署神赐予福泽的树枝、招魂木牌和署神门带回家，插在中柱上。仪式到此全部结束。

祭署仪式

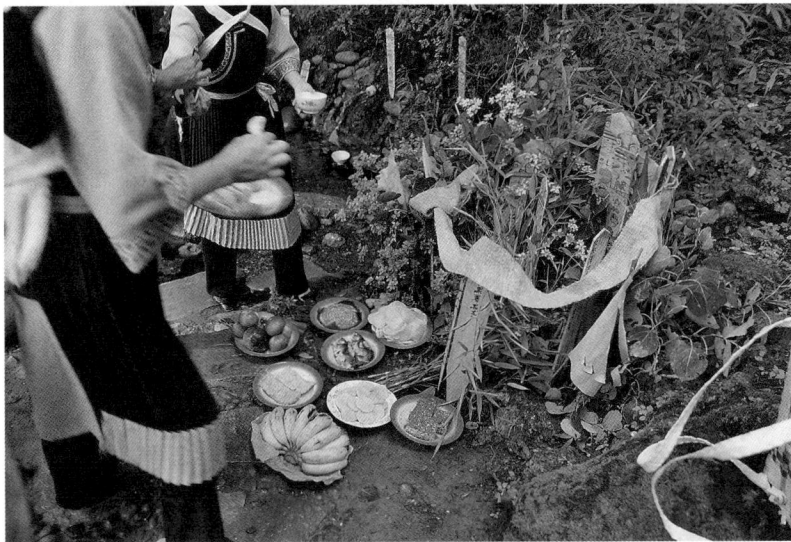

木牌建成的署神寨

　　以上概述了"祭署"仪式的过程。根据《纳西族传统祭祀仪式》记载,在祭祀过程中东巴所念的经书名称如下,不过,实际祭祀时根据仪式规模大小,东巴所念经书的数量可能会更多。

1. 烧天香经(冲巴吉)	2. 除秽经	3. 迎请左体优麻
4. 署神的来历	5. 日丁高卧经	6. 鸡鸣唤醒署神
7. 药的来历	8. 猛恩随(杀饿鬼)	9. 普尺阿鲁的故事
10. 多萨欧土的故事	11. 美生都丁的故事	12. 米利恒主的故事
13. 米利董主的故事	14. 崇忍利恩的故事	15. 高来趣的故事
16. 寻找占卜经书	17. 董术战争	18. 哈斯战争
19. 大鹏鸟与署的战争	20. 鸡的来源	21. 给署神献鸡
22. 祭署开坛经		

　　最后的那部经书《祭署开坛经》并未列入《纳西族传统祭祀仪式》中,但据东巴和国伟说,这是"祭署"仪式中不可缺少的经书。

画在木牌上的署神

东巴和国伟

在东巴演示给我们看的仪式中,东巴只做了善署神的寨子,没有做恶署的寨子,那天因为下雨,东巴没悬挂画有神像的挂轴。在这个意义上讲,它确实是简化了的仪式,不过,我们还是看到了除秽、把署神迎到署神寨、念东巴经、祈求署神等场景。

以下是我们采访东巴和国伟的记录。

◇在祭祀地点(丽江黑龙潭公园)

东巴:这是善署神的住处。全部做的话,仪式很长,这次不做全过程。只做了善署神的寨子,这次不做恶署神的寨子。(指着供品)那是燕麦做的,这是还恶署神债务的供品,这是大米和玉米,作为家畜的饲料还的债务。今天下雨,就不做神坛了。木牌上画的是东西南北中各方自然神的画。

◇在东巴博物馆

东巴:因为抄写了一百多部经书,眼睛不好了,字写多了,眼睛坏了,来博物馆已是第三年了,原来在昆明的民族村工作,在民族村举办过祭天仪式。

Q:村里举办的祭署仪式也是和先生您主持吗?

A:村里只我一个东巴,仪式由我主持的,其他村里还有5个东巴,一个在丽江。我前几天也回村里了,做了三天法事。

Q:那是什么法事呢?

A:有个老人去世了,我去做送魂仪式。在这里(东巴博物馆)只写字,不太做祭祀活动,回自己村里的话,会主持祭祀活动。

Q:农历二月时还在祭署吗?

A:农历三月时祭署活动比较多一些。1月祭天,2月8日祭三朵神,3月祭署。

Q:现在还在祭署吗?

A：每年跟二三个东巴一起祭天，祭三朵神，祭署。

Q：每个村都在祭署吗？

A：大部分村寨不祭署，只有信仰署神的寨子在祭署。

Q：这个比率大概有多少？

A：祭祀三朵神的寨子大概有百分之八十多，祭署的寨子可能连百分之五都没有吧。祭天的寨子现在更稀少了。现在很少有人相信了。

Q：之前祭署比较盛行的时候是什么时候呢？

A：我爷爷那代比较盛行。

Q：大概是什么年代呢？

A：1930年代至1940年代（中华民国时代）。

Q：家里有什么不幸时会祭署吗？

A：家里不祭署神的，家里举办的是驱灾免难的仪式，它与祭署不一样，因为署是自然神。

Q：以前发生某种大的自然灾害时，会祭署吗？

A：祭署是全村的事，发生自然灾害时，不一定祭署的。

Q：丽江大地震发生后，你们举行了祭署仪式了吗？

A：没举行。

Q：署神分好坏，善署神和恶署神是分得很清楚，还是一个署神兼有好坏两种性格呢？

A：恶署神和善署神是分得很清楚的，不是说一个署神有好坏两面性，除秽时驱除的是恶署神。

Q：区别恶署神和善署神的标记是什么呢？

A：去展览室看木牌就知道了。（去展览室）像这样，木牌的头是三角形的话，那就是善署神，正方形的是恶署神，这是在天与地中间的恶署神。

Q：上半身是动物的话，是恶署神吗？

A：是的，如果画的是人像，那就是善署神。（指着展览室里的署画）这是署王。

Q：祭署仪式是什么时候开始有的？

A：不太清楚了。明代前确实已经有了，很久前就有了，驱除不好的东西时要祭祀这个神（优麻大神）。

Q：优麻大神和署没关系吗？

A：没关系。如果旱灾，就要悬挂这幅署神画，还要挂这两个阴阳神的画和丁巴什罗的画，这是在天上的署神的父亲（可能听错了，丁巴什罗是东巴的教祖）。另外，还有一尊神，但这里没有他的画，那尊神像也要挂起来的（大鹏或神鹏）。

Q：今天您吟诵的经书是什么名字呢？

A：今天的这个仪式，如果经书全部吟诵的话，三四个东巴要念3天，今天省略了很多，念的经书是《署神的来历》《崇忍利恩的故事》《大鹏鸟与署的战争》《祭署开坛经》。一开始时念的是《除秽经》，第一天的祭祀结束后让署神去休息，第二天早晨唱歌把署神叫醒。

署神占领着地球上百分之九十的面积，人类住不下了，请这只鸟（大鹏）和东巴捕捉住了署神，最后人类与署神和解了，人类占百分之九十，署神占百分之十的面积。这是鸟与署的战争故事。

Q：祭祀时不悬挂大鹏鸟的画轴吗？

A：要挂的，刚才说这里没有的那幅画就是大鹏鸟的画。

Q：迎接来的署神就是那幅画上的署神吗？

A：是的，署美纳布是那个署神的名字。

Q：我觉得署神的力量是很强大的，如果祭署神的东巴力量不强大，就不能祭祀署神吗？

A：东巴的作用首先是与神鬼通话，筑祭坛，献供品，念经请署神，还使用扫把，祭祀署神时用铜锣、鼓，但不用海螺，因为海螺是海里的东西，海里的东西是署神的，如果用署神的东西，会使署神不开心，所以不用海螺，而是用铜锣与诸神打电话。

Q：在祭署的由来故事中，说到人污染了泉水，署神用清水换了污水。实际上，纳西族地区有水被污染的情况吗？

A：有的。纳西族禁止在水源处洗脚、洗手，禁止采伐水源处的树木。不过，换水是像家里那样的小范围内做的事。

Q：署占领着百分之九十的面积，人类派大鹏鸟去捉来署神，那时占领百分之九十面积的署神是善署神还是恶署神？

A：那是善署神，是人类的兄弟。

Q：署为什么要占领百分之九十的面积呢？是因为人类做了坏事的原因吗？

A：那只是故事，人类与署最初是同父异母的兄弟，分家时，署分到占百分之九十的面积的山川、河流、森林和野生动植物。后来人类与署和解了，署只占百分之十的面积，而人类占百分之九十的面积。现在，人类又侵入了署的百分之十的地盘，那是不行的。

Q：驱鬼时的鬼与恶署神是不是一样的？

A：不一样，鬼有 360 种，祭署时驱除的是恶署神，不是鬼。

以下重新按顺序提问。

A：把鸡杀死后供奉的不是善署神，而是恶署神。

Q：这里有鬼画，这是恶署神吗？

A：这是启游鬼，今天没祭祀恶署神，也就没杀鸡。

Q：因为鸡是家畜，是人类的东西，所以拿来供祭署神的吗？

A：献恶署神的供品，只要是会出血的动物就行，而献善署神的供品不能是会出血的动物。

Q：家畜与狩猎获得的动物都可以作供品吗？

A：野生动物是不行的，一定要是家畜才行。

Q：献给恶署神的鸡有请他吃的意思吗？

A：是还债务、请他吃的意思。

在上述询问中，我们可知东巴和国伟从事的是给游客写东巴文字和表演祭祀仪式的工作,这表明东巴文化所处的现状。此外,我们追问善署神和恶署神的区别,作为自然神的署神对人类来说具有双重含义,给人带来灾难的是恶署神,祭祀时把它请到恶署神寨子来供祭,再送回去。它与鬼不同,因为祭祀时也有驱鬼的仪式,我们询问了其中的区别,但东巴没有做说明。恶署神与善署神的木牌不同,供品也不一样。与献给恶署神的供品不同,献给善署神的供品不能是会出血的动物,这充分显示了这个仪式的性质,包括祭坛,这个仪式非常忌讳污秽,十分注意洁净。

三、"祭署"仪式的意义

"祭署"仪式是人向自然神的赎罪仪式,例如,我们在调查仪式时,东巴给了我们一本简单地介绍仪式过程的小册子,小册子里讲了以下"祭署"的意义。

> "祭署"仪式是纳西族的传统习俗,署是自然界的主宰,其神形上半身是人,下半身是蛇,头戴宝珠帽,住于山川、溪谷。根据传说,署是人类同父异母的兄弟,因为人在狩猎、伐木等活动中破坏了自然环境,所以署要惩罚人类。此后,人类在每年农历二月的辰日或子日举行"祭署"仪式,向署神赎罪,还清欠署神的债务,以祈求消灾得福。"祭署"仪式的真正目的在于阻止人类破坏大自然,保持生态平衡,防止自然灾害。纳西古人试图通过这个仪式解释人与自然间的矛盾问题。

关于"祭署"仪式,与纳西族文化相关的其他书籍也大致相同,小册子上说祭祀的时间在农历二月,但是,我们采访东巴时东巴说是农历三月,《纳西族传统祭祀仪式》上也说是农历三月,好像农历三月举行是正确的说法。

根据平常说的"祭署"的解释辞,"祭署"仪式原来的故事大致如下:署与人是同父异母的兄弟,署分管自然界,人分管畜牧、农耕,但是,人在狩猎和畜牧时会侵入署的统治地区,署怒而降灾(灾害、疾病)于人,人类一筹莫展,与东巴的祖师丁巴什罗商量,丁巴什罗借助守护神神鹏的力量,捕获了署神,署与人类和解,互相确定了统治地区,人类要定期地祭祀署神。

署神一般被称为自然神,"署"只是记音汉字,有时写作同音字"树"。定居于中甸县白地一带的纳西族保留了与丽江地区纳西族不同的文化,那里把"祭署"称作"祭龙王",白地的署神是龙王。[5]《开坛经》[6]中把"署"称作"署龙",署与龙几乎是融合在一起的。此外,因为东巴是在水边祭祀署神的,所以,署神也被看做是水神。

署神的上半身是人,下半身是蛇,但有的署神像的上半身是动物,下半身是蛇。署神有很多种,其中署王署美纳布被认为是人的兄弟,与人争抢地盘。

在署神起源神话中说,原始大海中生出一棵细小树芽,它化生为蛋,蛋中生出大青蛙,大青蛙生的卵中生出署神署美纳布。根据经书《署神的来历》记载,署神也从其他东西南北中各方向的卵中诞生,此外,自然物本身也生出很多署神。这显然是体现了万物有灵论的神灵观。但是,纳西族的起源神话《人类迁徙记》中并没有记载署神,可以说它并没有在以《人类迁徙记》为中心的纳西族神话体系中获得应有的位置,这个"署神"原本不是纳西族的神灵,从其形状来看,有人认为是印度教中的巨蛇精灵经藏传佛教传入纳西族地区才形成的。[7]总之,署神对纳西族来说是龙或者是水神,被作为自然神的代表来祭祀。

以上简述了"祭署"仪式的意义和署神故事,纳西族通过这个仪式来阻止人类对自然的破坏,谋求人类与自然的和谐发展。不过,这种意义到底是否是"祭署"仪式的实质,还需要进一步探讨,现在的这种意义阐释是"祭署"在现阶段存在的理由。

四、署 神 与 人

我们采访东巴和国伟时,他曾说:署神开始时占领着地球上百分之九十的面积,人类住不下了,请神鹏和东巴捉住了署神,最后人类与署神和解了,人类占百分之九十,署神占百分之十的面积。如果仅仅听这一段故事,仿佛是在讲外来移民抢夺了原住民的土地似的,我后来阅读了记录这个神话的经书《神鹏与署的战争》(也称《大鹏鸟与署的战争》),觉得署神与人类的关系相当复杂。

　　署神(署美纳布)与人是同父异母兄弟,这两兄弟都分到了大地,父亲没把宝珠帽等宝物分给两兄弟,而署神把这些宝物窃为己有,并躲藏到美利达吉海。署还几乎独占了天地,不分给人。一筹莫展的人这才找东巴的祖师丁巴什罗商量,丁巴什罗请守护神神鹏来帮助,神鹏叼住了躲藏在美利达吉海的署神的头,把它绑在神山的树上,控诉署神私藏宝物、不分给人天地的罪责。对此,署神辩护说,是人先犯罪的,人污秽了泉水,杀生,使血流到河里,还杀死了署的动物。神鹏与丁巴什罗商量,决定让署神交出宝物,使署和人和解,条件是人建 9 个村寨,署建 1 个村寨,人开拓 9 块土地,署开拓 1 块土地。这样让人多分到了地盘,但禁止人杀害树上的蛇和山谷里的青蛙,命令人把药给受伤的署,并要祭祀署(参照本书的资料篇)。

东巴经

自然神——署（《东巴圣地》，
云南民族出版社，2007 年）

在这部经书中，从人类的角度来看，署神被描写为贪欲的神，虽然署神分辩说是人先侵犯了它的领地，即便如此，署神独吞了父亲留下来的宝物，几乎不分给人类土地，这种行为使人对署神的诉讼成为正当理由。这部经书并没有断定哪一方的主张是正确的，丁巴什罗对双方做了调解，双方达成了和解，其和解的结果，人类获得的土地增加，但要祭祀署神。如果署神的主张是正确的话，那就是人的诉讼毫无道理。总之，和解的结果可以说是人类取得了胜利。胜利的结果是欠了署神的债。

其他东巴经也讲到人与署神的关系，例如，《崇忍利恩的故事》说，人类的始祖崇忍利恩与妻子下凡到地上，开始生活。有一次放牧时，家畜在森林里踩踏了一条绿头蛇。之后崇忍利恩就卧床生病了，占卜的结果是因为绿头蛇被踩了的原因。为了向署赎罪，就给署供祭食物，结果病痊愈了。这条绿头蛇就是署。《开坛经》贯彻着向署赎罪，祭祀署神的内容，其中反复说到绿头蛇的踩踏者不是人类的家畜，当然，通过这种说法，也算是承认了伤害署神的罪过，试图减轻罪行吧。

这些经书中共同的内容是，人类确实伤害了署（侵犯了署统治的地区），为了赎罪而祭署。但是《神鹏与署的战争》讲到署神对人类做了蛮不讲理的行为，这是值得关注的。

在这部经书中，署神与人类处于战争关系中，署神既不是万能的神，也不是恶神，不是单方面地带来福泽的神。当然，如果考虑到现实问题，只要人类无法控制灾害和谷物歉收，就敌不过署神。虽说如此，神灵与人类的关系也不是单向发展的。

笔者曾考察过与纳西族相邻而居的小凉山彝族的神话,那里的火把节起源神话内容如下: [8]

天神向地上的人间派遣了一名大力士,他在摔跤比赛中输给了人间的力士,被摔死了。天神怒而撒下害虫,人类一筹莫展,想和天神和解,决定在六月二十四日举行火把节,这一天人们用火把杀死害虫,向天神供祭神馔以赎罪。有的神话是这样说的,天神派遣了税吏来人间收税,但人因意外的兴致杀死了税吏,天神知道后撒下害虫,人们举火把以去除害虫,并供祭天神以赎罪。

小凉山的彝族讲述虫灾的原因是因为人杀死了神的使者。这未必是人类不好,但是,如果不向天神赎罪就无法生存下去,他们用这种方法来说服自己。这种说法的背景是他们具有万物有灵的世界观,并没有把神的超越性绝对化到与人隔绝的程度,神与人的关系亲近到可以互相摔跤并输给人的程度。正因为这种亲近关系,人面临灾难的理由也必须在神与人错综复杂的关系中去说明,不能单纯地断定是人类的过错。

署神与人的关系也一样,不是单向地认为人类侵犯了自然,接受了灾难的惩罚,因为署神与人类的距离没有隔绝到用这种单纯的理论可以解释的程度,东巴经《神鹏与署的战争》所描绘的署神与人类的距离可以理解为很近,其关系是双向的。

五、"祭署"中可见的人与自然的关系

李小敏研究了署与人的关系,指出"东巴教认为署在某些方面是超越人类的、比人具有更强力量的神灵,但两者的关系不是统治与被统治的关系,署与人类的关系是基于双方约定的平等互惠的关系。此外,一年一度的祭署仪式实际上是原始人与神的交易,人类提供赠礼和祭祀,署族承认在生产中的特权和保护。"[9]署神与人类是契约关系,祭署仪式是交易,这种观点

是可以理解的。

另一方面,在祭署仪式上吟诵的经书中反复出现还债这一词语,这种债务与其说是人类命中注定对自然所负担的赎罪,不如说派生于踩踏绿头蛇、和解后人类多分到了家产、摔跤时杀死了天神派来的力士等事件。

这体现了人类依赖自然、利用自然生存时与自然保持什么样关系的问题,它不像基督教那样宣扬人对神本质上是负罪、赎罪的关系,正如李小敏所说的,两者不是统治和被统治的关系。

正像经书中所说,人与署原先是兄弟,为了不侵犯对方的领域,两个共同体开始时是分居的,不久以后,人类为了生活下去,不得不侵犯自然领域,虽说如此,人类对署神并无负罪意识,而是在与署神的紧张关系中,自己多分了财产的结果。即,如果换个角度讲,多占的部分可理解为是署神的赠送,如果是这样的话,这次人类必须回报署神,那就是供祭署神。经书中反复所说的负债就是回报署神的赠予,即人对署神的赠予,和解可看成是署神与人类围绕赠予所展开的互酬关系的再构建。

如果把它说成是人与自然的关系,人在日常生活中不可避免地要侵犯自然,正因为这样,把它看成是负债,定期地设置归还债务的祭祀场,即,祭署仪式是对署神的赠予用人类的回赠给予报答的祭祀场。这种赠予关系在不断重复,重复中具有意义。

正因为这样,侵犯自然是日常性的事,所以,债务是还不清的,仪式就得持续下去。保留祭祀活动表示人经常意识到与自然关系中自己所负的债务,不是从内心认知对自然的罪,而是理解为与自然的互酬关系,在反复举行的祭祀中作为经常要归还的东西而日常化,如此有效地抑制了对自然的侵犯。

但是,现在人类已经过度侵犯了自然,也不举办节日祭祀,破坏了互酬关系。人类只是尽量获取自然的赠予,而不归还债务(不赠予署神),留下了负罪的意识。这种负罪感会把自然神圣化,构建给文明定罪的通俗易懂的理论,现在可见的"祭署"仪式小册子上反复讲到的保护自然的主题就是依据这种理论的吧。

2011 年我访问丽江时,听说玉龙雪山山麓的水源地建了玉水寨,那里矗立着高大的署神像,就去参观了。我们发现公园的水源池中央确实矗立着箔金署神像,下半身是蛇,上半身像观音,很多游客在那里参观。那里曾经是实际举行"祭署"仪式的地方,丽江玉水寨生态文化旅游有限公司开发这个旅游景区,把"祭署"与署神思想应用到现在的环境问题上,作为旅游资源来利用建设公园,塑造了署神像。"署神"的这种发展其实也可以说是把自然看成是人类神圣不可侵犯的绝对化思想的颠覆,那里已经没有东巴经中描写的署神与人类英勇奋战的世界,没有因和解而互相赠予的互酬性关系。越是难以跨越与人的距离就越开放,署神成了保护自然的对象,成为神圣的自然神或者作为旅游资源来祭祀了。

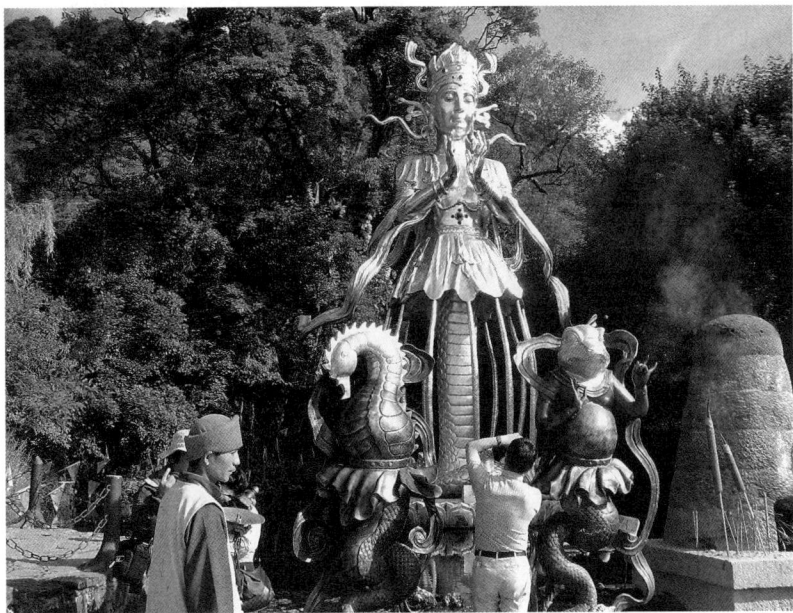

玉水寨的署神塑像

我们正在不断地失去底层文化,这个"祭署"仪式在探讨人类与自然的关系时也是必须重新审视的底层文化之一。但是,箔金的署神像这种把握法未必是好主意,笔者觉得,把"祭署"仪式所体现的人与自然的互酬关系作为我们接触自然的问题来把握,不是更好吗?我调查了"祭署"仪式,偶得这样的想法。

注释

[1]　云南省社会科学院东巴文化研究所.纳西族东巴古籍译注全集[M].昆明：云南
　　　　人民出版社,1999—2000.

[2]　李小敏.东巴教祭祀仪式的内在意义与心理基础[C]//佐野贤治.中国西南的纳
　　　　西族·彝族的民俗文化,东京：勉诚出版,1999.

[3]　君岛久子.中国神话[M].东京：筑摩书房,1983.

[4]　和继全.纳西族传统祭祀仪式[M].昆明：云南人民出版社,2003.

[5]　杨正文.最后的原始崇拜——白地东巴文化[M].昆明：云南人民出版社,1999.

[6]　注释1全集中的第六卷所载。

[7]　陈烈.东巴祭天文化[M].昆明：云南人民出版社,2000.

[8]　冈部隆志,远藤耕太郎.中国云南省小凉山彝族的"火把节"起源神话与"伊茨黑"
　　　　仪式[J].共立女子短期大学文科纪要(第四十四号),2001(01).

[9]　同注2。

白族的创世纪研究

一、"民族的神话"问题

在论述本文的题目"白族的创世纪",即"白族的创世神话"前,我觉得首先有必要对神话与少数民族的关系作若干说明。本文说的少数民族指居住于中国及其周边地区的少数民族。如果设定"少数民族与神话"这样的题目,例如通过论述"日本民族的神话",就容易理解民族与神话的关系。这种场合的民族的神话包含着作为民族的个性表象的神话的含义,至少"日本民族的神话"这种说法中这种意义很深。不过,就我对少数民族文化调查的理解,在少数民族中,民族的个性与神话未必是相关联的。

其理由首先是民族意识本身的历史性问题。至少中国的少数民族所具有的作为文化个性的对象的民族意识,除了历史上曾与汉族发生过战争的部分民族外,在新中国成立后受中国共产党领导的政治政策的影响较大,即,在多民族融合下成立的新中国,识别了汉族及 55 个少数民族,使少数民族享受民族政策,那些少数民族的文化个性有些是在这种历史过程中所产生的。

1949 年新中国成立后,中国政府在 20 世纪 50 年代开始做了各民族的社会历史大调查,其目的是把编入民族政策的民族实体作为固有文化来把握,有利于民族团结和民族自身发展。例如,本文所论述的白族神话也被认为是那次调查时所采录的神话,这种调查搞清了民族固有的神话和传说,使民族这种本身暧昧的轮廓变得清晰了。在这个意义上,我们要事先认识到

"××少数民族的神话"这种说法有点包含着强制性地让一个神话去象征某个少数民族的文化性质的意图。

就中国的少数民族而言,即使有代表某个民族的著名神话,例如创世神话,该神话也未必是在该民族中平等共享的。

即,理解某个神话所流传的范围,与其说是与某民族的范围一致,不如说是与具有相同文化的地域广度一致更合适。即使是同一民族,讲同样语言的人,常常也会因居住地不同,其创世神话也不同。另一方面,也有像洪水神话那样,在不同民族间流传的具有共同要素的创世神话。

考虑到上述问题,"民族的神话"这种说法是比较容易产生误解的,我想指出的是某民族共有的固有神话这种说法至少不适合于少数民族。因此,本文探讨的"白族的创世纪(神话)"是笼统的说法,严格地讲是流传于白族某地区的创世神话。

二、洱源县西山乡的《创世神话》

白族主要聚居在云南省大理白族自治州,是一个人口 193 万(2010 年)多的少数民族,是唐代南诏国、宋代大理国的主体民族,拥有曾经建立过国家的民族记忆,虽有老白文和新白文两种自己的文字,但不太流通。白族文化吸收了很多汉文化,白族知识分子通晓汉文,没有像日本那样虽然把汉文作为公文但又创制假名文字的必要性。

但是,正因为白族不通行自己的固有文字,所以口承文化很丰富。这种情况也见于其他无文字的少数民族中。白族尤其盛行像日本那样的对歌,关于白族的对歌文化,请参阅工藤隆、冈部隆志、远藤耕太郎所做的一系列调查记录。

白族的神话,尤其是创世神话是什么样的神话呢?其实,我曾做过十多年的调查,除了洱源县西山乡的打歌中唱神话以外,我还没碰到过其他场合唱白族创世神话的情况。当然,也可能是因为我不是以调查神话为目的的原因,不过,即使那样,我也有很多机会接触白族的民间故事,那时也没听到过创世神话。关于打歌,我将在后文探讨,现在说到的"白族的创世神话"指在西山乡打歌中所唱的神话内容。洱源县西山乡是白族的居住地,地处西罗坪山脉,那里不是像大理那样的白族中心城市,在这种偏僻的山区记录的创世神话怎么会成为白族的创世神话呢? 为什么要用打歌这种方式来歌唱呢? 它显示了白族的神话传承方式,这是很有趣的,本文将努力解答上述问题。

我手头有本论述中国各地创世神话的著作,叫《中国创世神话》(1987),其中的《白族创世诗史》概述了白族的创世纪"开天辟地",根据它的解释,该创世纪是 1959 年人民文学出版社出版的《白族民歌集》中以打歌形式演唱的"开天辟地",由杨亮才、陶阳记录整理,是长达 400 多行的打歌形式的创世神话。

其实,1959 年人民文学出版社出版了李星华编的《白族民间故事传说集》,该著作由君岛久子翻译成日语,书名是《中国少数民族的民间故事——白族民间故事传说集》(三弥井书店,1980 年),其中收录了"开天辟地(创世纪)"神话,上面写着"记录整理:杨亮才;采集地点:洱源;口述者:杨国政",该著作的编者对上述记录作了解说,"根据 1956 年秋在云南见闻的一点记录和手头的几本书而写成的"。顺便说一下,《中国民间故事全书 云南·洱源卷》(白庚胜编,知识产权出版社,2013 年)也收录了白族神话"开天辟地"的概要,最后写着"流传地区:洱源、剑川、大理;采集地点:洱源西山;采集时间:1956 年 10 月;口述者:王普臣、杨国政;记录整理:杨亮才",由此可知,书中的《创世纪》是李星华编的《白族民间故事传说集》中的资料,不过,收录地点更具体地写着是"洱源西山",可知它记录的仍然是西山乡的故事。李子贤编的《云南少数民族神话选》(云南人民出版社,1990)也收录了白族神话"开天辟地",最后写着"口述者:杨国政;采集地点:洱源;记录整理:李星华",由此可知,这里收录的神话也是以李星华编的《白族民间故事传说集》为基础的。此外,2000 年在创世神话传承地西山印制了《洱源西山白族文化》(中共洱源县委宣传部·洱源县文体局编),其中收录了打歌形式歌唱的创世纪。该书中写着"口述者：李康德、王晋臣；整理：杨亮才、陶阳"，与 1959 年出版的《白族民歌集》中打歌形式的"开天辟地"的记录者相同，也许那也是根据 1959 年出版的资料来编写的。

根据上述资料可知，自 1950 年起，由中央及地方民族事务机关组织科研队伍在全国做了民族识别和文化调查工作，作为当时白族文化调查的成果之一，1959 年出版了《白族民歌集》和《白族民间故事传说集》，这两册书中收录了白族的创世神话"开天辟地"，《白族民歌集》以打歌形式收录了"开天辟地"，而从日文版来看，《白族民间故事传说集》中的"开天辟地"是以散文形式收录的，内容都基本相同，记录者名单中都有杨亮才。由此可知，这些书籍中的"开天辟地"神话都是以 1956 年杨亮才等在洱源西山乡记录的资料为基础的。后来，这则在洱源县西山乡收录的"开天辟地"神话作为代表白族的"创世神话"反复地被引用介绍，而且出现了散文形式和打歌形式记录的两种类型。

下面介绍洱源县西山乡的地理环境，正如前述，这里在云南省内属于偏僻的山区，交通极为不便。大理曾经建立过王国，位于交通要道上，非常繁华，但是西山乡在 4 000 米以上的山峰连绵的苍山山脉背后。君岛久子翻译的《中国少数民族的民间故事——白族民间故事传说集》中记载了调查者之一毛星的解说，那里写着西山属于山岳地带，与平地不怎么往来，"共产党来宣传教育之前，无人知道中国有八年抗战，连抗战时云南省主席龙云的名字也不知道。"我也想去调查西山的打歌，曾尝试进入西山乡，可是听说道路险峻，汽车到不了村里，只能骑马进去，所以只好放弃进入西山乡村寨考察的念头，最后只能让歌手从西山乡来到大理，在大理做了打歌和创世神话的问询调查。

在偏僻的西山乡一带流传着打歌形式的歌文化。在白族的歌文化中，平常广为流传的叫白族调，打歌是不同于白族调的、非常独特的歌唱形式，即，在书籍中作为"白族的神话"传播的是在偏僻的、具有独特歌文化的西山乡传承的创世神话。

想想有点不可思议，为什么在洱源县西山乡以独特的打歌形式传承的创世神话成了代表白族的神话了呢？其理由有两个，一是大家认为西山乡的创世神话的内容适合作为代表白族的神话；二是 20 世纪 50 年代考察白族文化的工作队及之后的学者没在西山乡以外的地区采集到可与西山乡的创世纪媲美的神话。

三、创世纪梗概

下面参照君岛久子翻译的《中国少数民族的民间故事——白族民间故事传说集》中收录的"开天辟地"来介绍流传于西山乡的创世纪内容。

《开天辟地》

从前，有弟兄俩，一个叫盘古，一个叫盘生。他们每天都去山里砍柴，砍回来又拿到街上去卖。一天，盘古在街上遇着一个叫妙庄王（观音之父）的算命先生，他便请妙庄王算了算命。妙庄王对他说："8 月 3 日太阳出来时，去金沙江边钓鱼，不要钓第一条，也不要钓第二条，要专钓第三条红鱼。钓上来后，把它拿到街上去卖。人家要零买，你就说要整卖；人家要整买，你就说要零卖。谁把价钱出到三百六，你就把鱼卖给他。"

原来那条鱼就是龙王的三太子，被盘古钓去后，龙王每天到街上去寻找，好容易才找到王子红鱼，龙王为了买到鱼，把价钱添到三百六，终于把那条红鱼买到手了。

龙王问盘古为什么只钓红鱼，盘古回答说是算命先生妙庄王教他的。龙王去妙庄王那里想测试他算卦灵不灵，问他说："今年的雨会怎么下呢？"妙庄王回答说："城内两点，城外三点。"龙王为妙庄王的算卦正确性而惊讶，心想：怎么下雨，完全由我决定，我偏要在城内下三点，在城外下二点。因此，洪水泛滥了，天地没了，人类被淹灭了，日月消失了，天下变成了漆黑一片。

好几年后，盘古和盘生开辟了天地，哥哥盘古去开天，弟弟盘生去辟地，天从东北方开始开辟，在鼠年造好了天；地从西南方开始开辟，在牛年造好了地。但是，天在西南方不圆满，地在东北方有缺陷。因此，两人想出了一个办法，用云来补天的缺陷，用水来填地的不平。可是，盘生造的地比盘古造的天大，盘生为了使地能合上天，把地缩小了。因此，地面上出现了很多皱纹，这些皱纹便是大地上的山。

天地修成后，盘古和盘生就死去了。盘古死时，身长足有一丈八尺，盘古（打歌版神话中是木十伟）头朝东，脚朝西，横躺在观音寺里。说也奇怪，观音细声地跟盘古讲话，碰了他的身体，盘古的身体就开始变化了。他的左眼变太阳，右眼变月亮。张开眼睛是白天，闭上眼睛是黑夜。小牙齿变成了星星，大牙齿变成了石头，睫毛变成了竹子，嘴巴变成了村庄，汗毛变成了草，头发变成了树木，小肠变成了小河，大肠变成了大河，肺变成了大海，肝变成了湖泊，鼻子变成了笔架山，心变成了启明星，气变成了风，油变成了云彩，肉变成了土，骨头变成了大岩石，手指脚趾变成了飞禽走兽，两手两脚变成了四座大山，左手变成了鸡足山，右手变成了武当山，左脚变点苍山，右脚变老君山，筋变成了道路，手指甲变成屋顶上的瓦片。

洪水冲走了人类，因为观音把兄妹俩藏在金鼓里，只有兄妹俩幸存了下来。观音不知道金鼓被洪水冲到了哪里，到处找这两兄妹，走了九十九天，九十九夜，越过了九十九座大山，九十九条大河。东边找到汉阳口，西边找到胡三国，北边找到雷音寺，南边找到普陀岩。金鼓流到了一个大湖里（洱海），可是，金鼓漂在湖面上，观音不能把里面的两个人救出来。这时鸭子和老鹰来帮忙，把金鼓打捞上岸了。但是，兄妹不能从金鼓里走出来，观音又请来了啄木鸟，把红缨帽给了它戴，请它啄开金鼓。不料，啄木鸟啄起来声音很大，观音生怕它把兄妹吓死，不让它再啄。红缨帽也就白送给它了。现在，啄木鸟头上的红缨就是那一次观音送的。

观音又请老鼠来咬开金鼓，老鼠说要粮食吃，观音把五谷给了老鼠来感谢它咬开金鼓,所以,现在老鼠才到处吃人的粮食。兄妹从金鼓里出来了,可是他们的身子却连在一起分不开了。观音请来燕子帮忙,并且说,只要燕子把兄妹的身子分开,就准许它住人的房子,燕子用它那比刀子还快的翅膀把两兄妹的身子割开了。从此,燕子可以住在人的屋檐下。

这两兄妹,男的叫赵玉配,女的叫邰三妹。因为地上只有他俩了,为了繁衍子孙,观音要他俩结为夫妻。他俩因为是兄妹所以拒绝结为夫妻。观音叫他们一人到东山烧香,一人到西山烧香。不一会儿,两山的香烟汇聚到一起,成为一股香烟。观音指着汇合到一起的香烟要他们结为夫妻,可两人还是不答应。观音又叫他们各拿一根小木棒,双方一齐往河里丢,两根小木棒一丢到河里,很快就变成了雌雄两条美丽的金鱼。观音指着那两条鱼,要他们结为夫妻,可两人还是不答应。观音无奈地让他俩一人搬一扇磨盘,从山顶滚到山箐里。兄妹俩分别把磨盘从山顶滚下来,结果,磨盘合起来了。兄妹俩见此情景,没有话说,只好答应结为夫妻。

两人结婚时,用栗树的枝叶搭建婚房,请松树来做主婚人,请梅树做媒人,请桃树来交杯。至今,白族人在结婚时,习惯在婚房里挂栗树叶,门前种松树,交杯时用桃花。结婚那天,还请了很多鸟儿来帮忙,梅花雀做提调,鸽子待客,乌鸦挑水,喜鹊做饭,作子板昭做厨子,麻雀招待茶水。

兄妹结婚以后,不到十个月,邰三妹生下一个狗皮口袋,口袋里有十个儿子。后来十个儿子又各生了十个孙子,成了百家。从此,他们各立一姓,这就是"百家姓"的由来。(记录整理:杨亮才;采集地:洱源;口述者:杨国政)

这则神话一读就知,其实是各种要素混杂在一起的大杂烩一样的创世神话。如果把各要素作简单分类的话,可分成盘古神话、龙王神话、观音神话、洪水神话,这些神话被集中到了一个故事中了。

　　神话中首先出现了巨人盘古,其尸体化成万物,是所谓的"尸体化生神话"。神话中说盘古、盘生是兄弟,而《洱源西山白族文化》的原注说这两人不是兄弟,而是兄妹。盘古是中国古文献中出现的大家熟知的巨人神。盘古神话始见于《艺文类聚》所引三国时吴人徐整的《三五历纪》和清人马骕《绎史》所引《五运历年纪》。《三五历纪》中说:"天地浑沌如鸡子,盘古生其中。万八千岁,天地开辟,阳清为天,阴浊为地。"其尸体化成万物的神话收录于徐整的《三五历纪》和南朝梁任昉撰的《述异记》中。虽然有的学说认为盘古神话是汉族神话,但是,吴国接近南方,大林太良认为,"它原来是发生在南方的神话,经中原文人加工整理后,成为汉族的神话。"(《稻作的神话》)这一学说可看成是定论,现在一般的看法是盘古神话本来就是南方系的神话。

　　不过,白族本来不是南方的民族,是从北方迁徙来的民族,受汉文化影响较深,这则神话中的盘古可看成是在汉族神话影响下才形成的。此外,白族聚居于宽广的洱海湖畔,有很多关于龙王的传说。白族还是较早地接受了佛教的民族,盛行观音信仰,有很多讲述观音的灵验故事。这则神话又与西南少数民族中流传的洪水神话相融合,变成了现在这样大杂烩似的创世神话。

　　这则创世神话的特征是,它虽然是流传于偏僻的西山地区的创世神话,但吸收了大理一带的白族文化、汉族文化、西南地区各少数民族的洪水神话,是吸收了本民族内外丰富的传承文化再把它们集约而成的。换句话说,像白族创世纪那样融合了各种神话传说的素材改变而成的创世神话是极为珍贵的,在某种意义上说,它体现了白族文化吸收多元文化的一个特征。

　　我不知道西山地区的创世纪本来是否是白族各地共有的,只是西山地区把它传承了下来,而别的地区消失了呢,还是各种神话要素传到西山地区,在那里融合变化而成的。

　　《中国民间故事全书　云南·洱源卷》中写着流传地区是洱源、剑川、大理。这些都是接近西山地区的地方,把它看成是现在的洱源、剑川、大理一带共有的创世神话是妥当的吧。当然,我们也不能否定它产生于西山地区并独自传承下来的可能性。西山虽然偏僻,但也是其他地区的各种文化汇聚的地方。不过,我们现在能说的只是"创世纪"吸收了广泛的传承文化,并在偏僻的西山地区保留了下来。那是为什么呢?我认为答案在于他们的神话故事统一到了打歌这一歌唱形式上了的原因。

四、打歌形式的创世纪

那么,以打歌形式演唱的神话是怎样来表述的呢?根据《洱源县西山白族文化》的记载,打歌是古代白族人创造的、一问一答式的叙事体古歌,在祭祀活动和结婚仪式等各种场合演唱。歌手分提问组和回答组,少则五六人,多则20余人,每组出一个"歌头",双方由"歌头"领唱,其他人随之合唱,围着篝火,边唱边舞,每人手里拿着酒或烤茶,唱完一段歌后喝一口酒或茶。一组歌手问两句,另一组歌手回答两句,歌的形式和押韵等没有严格的规定,无伴奏。白族调的诗歌形式一般是7775·7775式,必须押韵,与白族调相比,西山的打歌形式比较自由,其特点是问答式对唱,歌头领唱,其他几位歌手随之合唱。有的白族研究者认为打歌保留了白族古歌的形式。

《洱源西山白族文化》所载的"创世纪"与1959年出版的《白族民歌集》上所载的打歌形式的"创世纪"的资料是一样的。其实,由我们亚洲民族文化学会的研究人员构成的"古代之会"的成员曾考察、翻译了西山的《创世纪》,下面根据当时的日语翻译,介绍打歌形式的"创世纪"。

打歌形式的"创世纪"开头的问答如下:

洪荒时代

一

从前树木会走路。

我说你信吗?

　　　　　从前树木会走路，
　　　　　你说我相信。

　　　　　从前石头会走路，
　　　　　是真还是假？

　　　　　从前石头会走路，
　　　　　是真不是假。

　　　　　从前牛马会说话，
　　　　　我说你信吗？

　　　　　从前牛马会说话，
　　　　　你说我相信。

　　"创世纪"以上述问答形式来叙述神话内容，开头部分讲述"洪荒时代"的自然物和动物像人一样行动，没有贫富差别，人类都很长寿。《中国创世神话》(1987)也收录了 1959 年出版的《白族民歌集》中打歌形式的"创世纪"，但是君岛久子根据《白族民间故事传说集》翻译的《中国少数民族的民间故事——白族民间故事传说集》中没有收录这部分内容，此外，原样转载《白族民间故事传说集》的《云南少数民族神话选》(1990)和《中国民间故事全书 云南·洱源卷》(2005)的开头部分也是从盘古、盘生故事开始的，没有自然物会走路，动物会讲话的内容。

　　此外，不仅仅是开头部分有差异，尸体化生神话也有出入，打歌形式的"创世纪"中开天辟地的神不是盘古，而是"木十伟"。《洱源西山白族文化》的原注说，"木十伟"在传说中是盘古、盘生的化身。不过，前述君岛久子的译本中写着盘古，其他书籍收录的散文体"创世纪"也与此相同。

　　打歌形式演唱的资料和散文体记载的资料的记录者相同，但是内容上有上述差异。我不知道是否是因为采用了别的调查资料,还是编者编辑了同一资料才导致内容和表达方式上有差异,我推测可能是后者造成的。散文形式的"创世纪"比打歌形式的"创世纪"要简短,可能编者觉得把盘古写成木十伟是矛盾的,所以用盘古来统一全文了。如果是那样的话,我觉得打歌形式的"创世纪"比较接近口述者的原始资料。

我在 2005 年调查了西山的打歌,请歌手演唱了"创世纪"的一部分,其开头部分的歌词大意如下:

> 你说古老的天还在吗?
> 哎!也还在。
> 我们每天还见着,
> 它就是老样子,
> 还是老样子。
>
> 哎!古老的地还在吗?
> 哎!还在。
> 大地如今还在哩,
> 大地世上有;
> 大地世上有。
>
> 古老的太阳和月亮还在吗?
> 哎!太阳和月亮还在哩,
> 如今还在哩,
> 还是老样子。
> 我知道的。
>
> 山河如今还在吗?
> 哎!山河都还在哩,

山河还在哩，

真的还是老样子。

我知道还是老样子。

（采集时间：2005 年 8 月 16 日；地点：下关市；西山乡歌手：字吉香、字立华、王庆标、王绍民；白语汉语翻译：施珍华；日语翻译：冈部隆志）

这是我们采集到的打歌刚开始部分的歌词，它不出现于前述打歌形式的资料"创世纪"的开头部分。此后，歌手唱同样的内容。因为口头传承的神话有各种变种，所以，这种程度的差别是可能存在的。我们采集到的只是创世纪的开头部分，是简略化的"创世纪"资料，很不充分。但是，我们确认了在西山乡歌手至今还在演唱"创世纪"，其意义也是很大的。

五、作为表达方式的问答和神话叙事

白族为什么在洱源县西山乡流传着创世神话呢？我们可以认为他们依靠打歌这一表达方式传承了神话。打歌对西山地区的白族社会起到了重要作用，节日祭祀和婚礼时要打歌，此外，像日本的"歌垣"（对歌）那样的场合人们也用打歌的形式对歌。因此，在当地的节庆仪式和娱乐场合，打歌是不可缺少的。通过打歌来唱神话，这说明在西山乡还没有失去唱神话的氛围。

与白族相邻而居的纳西族和彝族也有丰富的神话传承。在这两个民族的村寨中有被称为东巴（纳西族）和毕摩（彝族）的宗教人士，他们掌管全村的宗教仪式和人生仪礼，有时在仪式上把神话作为经书来吟唱，这种神话带有强烈的宗教性，因此，宗教人士成为掌管、传承神话的主体。所以，我们可以说纳西族和彝族保留了丰富的神话故事。

但是，白族的村寨中没有像东巴和毕摩那样一手掌管某地区宗教仪式的宗教人士（不过，山田直巳在《踏丧歌的诸相》中提出云龙县有道士，道士往往也是歌师）。西山的打歌由歌头（也叫歌王）领唱，村民有红白喜事时邀请歌头和歌手去演唱,他们不像东巴和毕摩等宗教人士那样具有法术,即使在西山乡以外的白族地区,歌手也会被请到某个仪式上演唱,有时会吟白祭文等,但是人们并不认为他们具有宗教能力。在此,我不打算详细论述白族的宗教和仪礼,简单地说,白族具有深厚的本主信仰,佛教、道教和自然神等多种信仰根深蒂固,女性宗教组织莲池会有时也起到宗教性作用。即,白族没有像纳西族和彝族那样由某个特定的宗教人士独揽某地区宗教祭祀活动的情况。

如果考虑那种宗教和宗教人士的情况,那么我们至少可以说白族社会没有像纳西族和彝族那样在宗教意义上认为神话传说是必然的这种社会理由。白族流传着各种民间故事,但是除西山地区以外,我们没有发现像创世神话那样带有宗教性的神话,这也是理由之一吧。那么,洱源县西山乡同样是白族居住区,那里为什么会传承着神话呢?

我们应该认为,与其说是神话本身起到了社会作用,不如说打歌这种歌文化在西山地区具有重要的社会作用,创世神话被编入到打歌中才发挥了打歌的部分社会功能。除西山地区以外,其他地区也在唱问答式的歌曲,这种歌曲除打歌外大部分是即兴演唱的对歌,不以问答的方式演唱神话(与洱源县西山乡相邻的云龙县也有打歌,可见生活的各种场合都在演唱打歌,不过,还没有人报告创世神话的传承),即,西山地区的打歌不仅仅是问答形式的特有的即兴地演唱爱情的对歌,它还包括叙事性内容在内的多种表达功能,因此作为西山地区生活中不可缺少的东西在发挥着作用。

同时,本来是散文表达形式的长篇叙事性神话故事被改编为即兴的、问答式的对歌,正因为出现了这种歌唱形式上变革的划时代事件,创世神话在西山才得以传承。

其实,彝族也有以问答形式传承长篇叙事神话的情况。《梅葛》是流传于楚雄彝族自治州的长篇叙事诗,根据星野纮在《歌曲·舞蹈·祈祷的亚洲》中的研究,其开头部分是以问答形式歌唱的创世神话(特别是被称为"老人梅葛"的那部分)。以问答形式歌唱《梅葛》的歌手都是民间老百姓,而不是彝族的宗教人士毕摩,在神圣的仪式上,毕摩一个人吟诵《梅葛》,但是,在婚礼和娱乐性强的场合,或者在唱山歌那样的恋歌时,歌手是以问答的形式来演唱的。根据《"梅葛"的文化解读》(2007),如果比较研究梅葛和对歌形式的"创世纪",仪式上毕摩演唱的"老人梅葛"是神圣的,而在节日祭祀和婚礼上演唱的"创世纪"则没有神圣性,没有原始性(古老的形式),比《梅葛》更有娱乐性和世俗性,时代上也较新。即,毕摩等宗教人士演唱时不是问答式的,但具有神圣性。如果以问答形式唱的话,就失去了神圣性,增加了娱乐性。问答形式为什么失去了神圣性而增加了娱乐性,这个问题请参阅拙论《问答论》。以《梅葛》为例,即使社会上不再需要毕摩来做宗教仪式,如果是问答形式,带着神圣性的神话传说也是可以被传承下来的。

我不知道西山地区是否曾经需要有以神话表象的社会宗教为条件而诞生了创世神话的呢?还是创世神话先诞生在其他文化容易传入的大理等开放的地区,再扩散到周边地区,最后再传入西山地区的呢?此外,我也不知道被称为白族创世神话的"创世纪"是带着像东巴和毕摩那样高层次的宗教性才诞生的呢?还是没有那么高的宗教性,作为流传的传说故事而产生的呢?不过,我们可以说,从创世神话的表达方式来看,"创世纪"是长篇叙事诗,可能一开始不是以问答式对唱的形式而诞生的,创世神话之所以能在西山地区保留下来,是因为它被改编成了问答形式,这点暂且可以作为拙论的结论。

工藤隆在《以有声神话阅读古事记》中指出,在研究神话传承时,不仅仅要研究神话内容,重要的是要把握好该神话的表达形式("表现态")和其在社会中的作用("社会态")处于何种阶段。我认为在研究白族的创世神话时工藤隆的观点是极其正确的。

参考文献:

[1]　陶阳,钟秀.中国创世神话[M].上海:上海人民出版社,1987.

[2]　李星华(编著),君岛久子(译).中国少数民族的民间故事——白族民间故事传说集[M].东京:三弥井书店,1980.

[3]　中国民间故事全书　云南·洱源卷[M].北京:知识产权出版社,2005.

[4]　李子贤.云南少数民族神话选[M].昆明:云南人民出版社,1990.

［5］　中共洱源县委宣传部、洱源县文体局.洱源西山白族文化［M］.2000.

［6］　大林太良.稻作的神话［M］.东京：弘文堂,1973.

［7］　伊藤清司.中国的神话传说［M］.东京：东方书店,1996.

［8］　山田直巳.踏丧歌的诸相——局部的概念定义［J］.亚洲民族文化研究(第十一号),2012(03).

［9］　星野纮.歌曲·舞蹈·祈祷的亚洲［M］.东京：勉诚出版,2000.

［10］　李云峰,李子贤、杨甫旺."梅葛"的文化解读［M］.昆明：云南大学出版社,2007.

［11］　冈部隆志.问答论——彝族的神话《梅葛》与折口信夫的问答论［J］.共立女子短期大学文科纪要(第五十五号),2011(01).

［12］　工藤隆.以有声神话阅读《古事记》——话型·话素加表现态·社会态［J］.亚洲民族文化研究(第九号),2010(03).

［13］　原文最初刊载于：工藤隆,百田弥荣子,真下厚.探索《古事记》的起源——创世神话［M］.东京：三弥井书店,2013.

《古事记》神话中的"兄妹婚禁忌型神话"与"天婚始祖型神话"的比较研究

一、《古事记》中的两则创世神话

日本的《古事记》记载了日本的国家起源神话。但是,这个国家起源神话实际上包括了两则神话,其中之一是高天原神话,它记载了统一日本的大和朝廷的祖先神的神话,另一则是出云神话,它讲述的是臣服于大和朝廷的、属于出云地方势力的出云国神话。《古事记》的神话便是由高天原神话和出云神话两部分构成的。

高天原神话开始部分记载了开天辟地、国土生成、诸神的诞生等事件。从神话故事的情节发展来看,出云神话讲述的是地上的故事,它是由诞生于高天原神话中的诸神所创造的事迹,所以,出云神话是包含于高天原神话中的。但是,如果追本溯源,我们就会发现高天原神话是由统治大和地区的豪族代代口承相传的,而出云神话则是由统治出云地区的豪族代代口承相传的。所以,它们是相互独立的神话。我们或许可以这样认为,大和朝廷在征服了出云地区,统一了日本后,为了使征服出云这一历史事实在神话中得到反映,于是从开天辟地开始讲述自己祖先神的起源,并把出云国的神话融入高天原神话的体系中。

出云神话从须佐之男驱逐八岐大蛇开始讲起,直到将国家出让给高天原为止。我们认为其他部分的神话都属于高天原神话。如果将出云神话再细分的话,它可以分为"须佐之男的故事"、"大国主大穴牟迟的故事"和"让国故事"三部分。但是,须佐之男同时又是高天原的神,所以,大国主才是出云国的君王,出云神话的实质是大国主大穴牟迟的神话。

高天原神话和出云神话中都可见中国少数民族地区流传的与祖先神话同一类型的始祖神话。高天原神话的始祖神话是伊邪那岐和伊邪那美的神话,他们是被人格化的最早的男女神,是一对兄妹。二神结婚时互相绕着柱子逆向而行,在相会处求婚,并生下了小孩。但第一个小孩是一条水蛭。二神把这个残疾儿放到芦苇编的小船上,随水飘走了。

这则神话与在中国的很多少数民族中流传的兄妹婚洪水神话极为相似,有的学者认为它们是同一系统的神话。例如,苗族代代相传的典型的兄妹婚洪水神话中说,人抓住了雷公并将他囚禁在牢笼中,但是雷公最终逃了出来,并发洪水来复仇。洪水后只有兄妹俩得以幸存,哥哥逼迫妹妹结婚,但妹妹以近亲婚加以拒绝。于是,哥哥就绕着大树追妹妹,然后突然反向追赶,抓住了妹妹。结果他们生下了一个没手没脚的婴儿。这则神话被归类为雷神复仇型神话,尤其在苗族中广为流传。[1]

在同一类型的神话中,有的神话中说洪水的原因并不是雷神的复仇,有的神话也没有讲述兄妹绕着大树追赶,而是说把上下两爿石臼从山上滚下,如果重合在一起就结婚。这些神话故事有一个共同点,那就是故事中幸存下来的兄妹最初由于考虑到近亲婚而对结婚持忌讳的态度,所以,笔者在此称其为兄妹婚禁忌型神话。这和日本的伊邪那岐与伊邪那美的神话非常相似。日本的兄妹婚禁忌型神话中虽然缺少洪水的情节,但按照一般的说法,我们或许还是可以把它理解为同一系统的神话。

有的学者认为伊邪那岐、伊邪那美神话本来就是缺少洪水要素的神话,而且绕柱是婚礼之一,所以,它并非一定是兄妹婚禁忌型神话。[2]这个观点很重要,但是伊邪那岐和伊邪那美所生的第一个婴儿是残疾儿,即水蛭,所以笔者在此还是想把它作为兄妹婚禁忌型神话来论述。

那么,出云神话又讲述了怎样的故事呢?大国主大穴牟迟由于在和兄弟们的争斗中败北,逃到了须佐之男管辖的"根之坚州国",并与须佐之男的女儿须势理姬成婚。须佐之男对女婿大穴牟迟进行了一系列的考验。首先,他命令大国主睡在到处是蛇、蜈蚣和蜜蜂的房间里,大国主在妻子须势理姬的帮助下闯过了这一关。接着,须佐之男又让女婿去找回射到原野的一支箭,原本打算等大国主去原野找箭时放火烧死他,大国主却在老鼠的帮助下渡过了这一关。最后,大国主通过了须佐之男的考验,带着妻子须势理姬一起返回地上,大穴牟迟当了大国主,开始建国。即,这则神话可以理解为出云国的君王大国主的起源神话。

这则神话与少数民族中流传的洪水神话中的"女神妻子型"神话极为相似。彝族和纳西族神话中就有这样的"女神妻子型"始祖神话。纳西族有名的《创世纪》里记载了这样的故事情节。人类由于兄妹结婚和开垦土地而惹恼了天神,于是天神决定发起洪水。只有一名善良的男人得到天神指点钻入牦牛的皮囊中得以幸存。这个男人和天神的女儿结婚后,被妻子带到天宫拜见岳父。作为天神的岳父给这个人间男子出了几道难题。该男子在妻子的帮助下解决了那些难题。最后,两人双双返回人间,过上了幸福的夫妻生活。[3]我们把这种人间男子与天界女神联姻后成为一个民族始祖的神话叫做"天婚始祖型"神话。[4]这一类型的神话广泛流传于中国西南地区的羌族、藏族、彝族、纳西族、普米族、独龙族、傈僳族等藏缅语族的少数民族中。[5]

与伊邪那岐、伊邪那美神话故事相同,大国主神话中也脱落了洪水的故事,但大国主与天神女儿结婚,并在妻子的帮助下解决了岳父的难题。这一故事情节与纳西族的《创世纪》相同,这种天婚始祖型神话在彝族、苗族中广为流传。我们可以认为这是中国少数民族始祖神话的共同点。

因此,日本的高天原神话和出云神话中包含了中国少数民族中流传的两种类型的始祖神话。迄今为止,已有不少学者指出日本神话中包含了和中国少数民族神话非常相似的神话,这种观点已没有什么特别的创新。但是,迄今为止尚无人研究过高天原神话和出云神话中为何会有两种类型的始祖神话,没有人进行过比较研究,也没有人探讨过其意义。本文将对这些问题进行探讨。

二、兄妹婚禁忌型神话和天婚始祖型
神话的对立和协调

这里笔者先探讨兄妹婚禁忌型神话和天婚始祖型神话的含义。

兄妹婚禁忌型神话讲述的是洪水后幸存下来的兄妹结婚后成为人类祖先的故事。引发洪水的起因虽各不相同,但其中大多数是由于天神最初的造人计划失败,所以天神通过引发洪水来毁灭人类。这可以理解为天神借助洪水来再造人类,即人类的二次创造。伊藤清司把它称为人类的第二次起源。[6]即,洪水后的兄妹婚是人类的第二次起源。松本由美认为天地分离神话和洪水神话讲述的其实是世界从混沌走向有序的过程。大林太良介绍了这种理论,并认为它和伊邪那岐、伊邪那美的神话是相通的。[7]

我们如果分析几则神话的结构,就能发现共同的母题。兄妹婚禁忌型神话,作为一个大的母题,正如大林太良所说,其结构是从无秩序的洪水泛滥到建立起有秩序的人类社会。比如,在天地分离神话中,基于某种契机,天地从混沌的无秩序转变到了天地分明的有秩序的世界,兄妹婚禁忌型神话的结构也与此相同。

在这个神话母题中,重要的是,从无秩序向有秩序转变时会先产生对立的紧张感,然后再消除这种对立因素。松本由美称之为"分离和结合"[8],在本文中笔者将之称为"对立与协调"。在天地分离神话中,从生死不分的混沌状态向天地分离的状态变化是一种对立,然后进入天地分离的稳定(协调)状态,人世间形成了生与死分离,或者说带来了富饶的、有秩序的世界。但是,当那种秩序混乱时,世界就会因洪水而被毁灭,并得到重新建构。正如兄妹婚禁忌型神话那样,兄妹俩要确立男女关系,构成了紧张的对立,解决了这种对立关系并结婚(协调)后,形成了新的秩序。

在兄妹婚禁忌型神话中,幸存下来的只有兄妹两人,所以,如果他们不结婚,人类就会灭绝。但如果结婚,那就是近亲乱伦。所以,这种男女关系的对立包含着相当大的紧张感。因此,为了消除这种对立,兄妹俩采取了各种行动。例如,神话中讲到的将上下两片石磨分别从山上滚下,如果能重合就结婚,这是解决的办法之一。这在某种程度上也可以说是一种神判,即,通过询问神的意旨,减轻了人的责任。但是我们不能否认人才是决定结婚与否的主体。另外,有许多神话故事讲的并非询问神的意旨,而是兄妹中的一方通过策略来解决结婚问题。例如,苗族神话中提到的绕着大树逆向跑的情节就是其中之一。兄妹并未借助神的力量而是靠自身的智慧解决了矛盾,这是值得注意的神话类型。

总之,兄妹婚禁忌型神话在解决男女的对立,即向协调的发展中,神的干预并没有那么多。笔者在这里想指出的是,这种类型的神话在洪水过后的第二次人类创造过程中,首先表现的是构成人类社会最普遍的对立,即男女的对立,而后在很少借助神力的情况下依靠人类自己的力量重建了社会秩序。

那么,天婚始祖型神话又是怎么样的呢?在这类神话中,大洪水过后唯一幸存下来的只有一名男子,并非兄妹。这是两类神话的最大差别。因此,该男子无法和人世间的女子结婚,故事也只能围绕他与天神女儿的婚姻来展开。

于是,从某种意义上来说,这里的对立也可以是男人与天神女儿的对立,即男女的对立,但是,神话中并没有那样来展开情节。幸存下来的男子接受了岳父(天神)的种种考验,即,这一类型的神话中的对立是男子与天神(岳父)间的对立。这个问题是借助于介入天神与男子之间的天神之女的帮助而得到解决的,该男子并非凭借英雄般的力量来通过天神的考验。那么,兄妹婚禁忌型神话与天婚始祖型神话到底有什么不同呢?

如果说兄妹婚禁忌型神话的主题是男女之间的矛盾与如何解决这种矛盾的话,那么,天婚始祖型神话的主题是神与人之间的矛盾和解决这种矛盾。正如前述,兄妹婚禁忌型神话在讲述人类的再创造中神灵的干预较少。但是,天婚始祖型神话在讲述人类社会的再创造中神灵却扮演了重要的角色。这就是它们之间的区别。

对于这样的区别,我们又应该怎样理解呢?这些神话中的神灵并不像西欧诸神那样属于万能的神,而是人们把自然本身当作神灵的万物有灵思想的体现。因此,这里所说的来自神的干预,其实影射的是自然对人类社会的影响。比如,天婚始祖型神话中天神给予男子的考验项目大多是砍伐树木、开垦农田、播种等方面的难题,这些都反映了刀耕火种的农耕社会形态。刀耕火种是生产力水平低下,受自然支配程度高的农耕形态。因此,在这些神话中,人类与作为神灵的大自然十分亲密,互相维持着平衡的对立和协调关系。所以,天婚始祖型神话的社会背景是人类社会很大程度上依赖自然的力量,社会生产力低下。

兄妹婚禁忌型神话在苗族中得到了较好的传承,苗族是长期定居于长江流域的稻作民族,其生产力比刀耕火种的农耕民族要高,对自然的依赖程度也比刀耕火种的民族要低。兄妹婚禁忌型神话就是在这样的社会背景下产生的。

不过,苗族也有非始祖型的女神妻子型故事(例如,《放羊娃达留与仙女雅倩》)。傈僳族、怒族等民族的传统生产方式不是稻作农耕,而是刀耕火种农耕,这些民族也有兄妹婚禁忌型神话。可见这两种类型神话的产生也并非完全和传承这种神话的少数民族的生产方式相一致。这种情况说明这两种类型的神话在少数民族中广泛流传,并复杂地融合在一起。但是,天婚始祖型神话常见于以从事农耕活动为主的山岳地带,尤其是彝族和纳西族中,而兄妹婚禁忌型神话更多地在苗族中传播。因此,我们可以认为这两种类型的神话分别产生于刀耕火种社会和稻作农耕社会。

三、高天原神话和出云神话中始祖神话的区别

如果我们这样考虑的话,这两种类型的神话在日本的高天原神话和出云神话中又有怎样的意义呢?换句话说,高天原神话为什么选择了兄妹婚禁忌型神话,而出云神话又为什么选择了天婚始祖型神话呢?

　　首先,它们的共同点是都缺失了洪水部分的神话。这意味着在日本的神话里人类社会的秩序不需要重构。即,无论是高天原神话还是出云神话讲述的都不是秩序重构后人类的二次起源。这是由于日本的神话是从讲述神灵之间的故事开始的,并没有神与人的对立结构。高天原神话包含了开天辟地以后的诸神事迹及作为国土生成的一环的伊邪那岐与伊邪那美的神话,所以它从一开始就没有必要用洪水来重构社会秩序。

　　那么下面探讨这两类神话的区别。高天原神话之所以选择了兄妹婚禁忌型的伊邪那岐和伊邪那美神话,首先是因为男女之间的对立和协调在神话故事情节的发展上是合理的。伊邪那岐和伊邪那美互相邀请对方,两人绕柱相会后说:"啊,多么英俊的美男子!""啊,多么窈窕的美少女!"这些都是男女赞美对方之辞。这同样也可以理解成是男女相聚时的一种对歌。即,高天原神话在生成国土和生育诸神时选择了男女的对立和协调。人类起源神话中反映了男女结婚生子再形成社会的人类社会的普遍原理。这里看不到人和神或天上与地上之间的紧张关系。从这个意义上来说,高天原神话从一开始就贯穿着人类社会的原理就是诸神的原理的思想,它是以稻作为主要生产方式的大和朝廷讲述的神话,与天婚始祖型神话相比,兄妹婚禁忌型神话的社会对自然的依赖程度较低,生产力相对较高,这在某种程度上也解释了高天原神话选择了兄妹婚禁忌型神话的必然性。

　　那么,天婚始祖型的出云神话怎么样呢? 这则神话讲述的并非男女之间的对立,而是岳父须佐之男和女婿大国主之间的对立。须佐之男是名为"根之坚州国"的神灵世界的国王,而大国主大穴牟迟则是一个未成熟的地上的神。须佐之男和大国主之间的矛盾对立就如同中国少数民族讲述的天婚始祖型神话中的神与人的矛盾对立。

　　即,它描述的并非男女之间的矛盾,而是神灵世界的神与人的矛盾与解决。女婿并没有完全解决神灵世界的须佐之男神提出的难题,而是经受住了神灵世界君王的考验,继承了他的神力来促使自己成长,最终成为出云的国王大国主。

　　出云神话之所以选择了天婚始祖型神话作为大国主的起源神话,是因为在出云这个社会里长期存在着异界的神和人的对立和协调关系的缘故。如果把神灵世界的神看成是自然的人格化,那么,我们可以说在出云地区人类社会依赖于自然,人与自然的联系很紧密。

樱井龙彦认为,彝族和纳西族传承的这类神话可能是传承这些神话的主体,即宗教人士毕摩、东巴的祖先故事。[9]这一观点很重要,他说的是这类神话中充满了其祖先继承了天神之力的咒术祭祀者的影子。那么,我们也可以认为出云国的始祖大国主是继承了神灵世界的君王须佐之男的神力的咒术祭祀者,它表示这个社会本身是把咒术祭祀者奉为王的较古老的部落国家。

我们现在虽然无法得知当时的出云社会是否过着刀耕火种的农耕生活,但须佐之男给大穴牟迟神的考验包括了让他寻找射到原野中的箭矢,并欲乘其寻箭矢时放火把他烧死的内容。火烧原野具有刀耕火种的痕迹,当然,仅凭这一点我们无法肯定这个神话是否以刀耕火种的生活为背景。但从加茂岩仓遗址和荒神谷遗址出土的大量铜铎和铜剑可以得知,出云地区曾经拥有强大的势力,而且其生产力不低。

据《古事记》的高天原神话记载,黄泉比良坂是"现在出云国的伊赋夜坂"。也就是说,黄泉国在出云地区。这与其说是大和朝廷杜撰的故事,不如说它表示当时的人们认为出云地区接近神灵世界。我认为这与大国主是咒术祭祀者不无关系。所以,从这个意义上来说,天婚始祖型神话存在于出云神话中是很自然的事。

四、总　结

高天原势力和出云势力不久发生了冲突,即,拥有兄妹婚禁忌型始祖神话的势力和拥有天婚始祖型神话的势力发生了冲突。其结果是拥有兄妹婚禁忌型神话的高天原势力取得了胜利,出云的君王大国主宣誓臣服于高天原势力。从某种意义上讲,这可以说是历史的必然。这是因为传承着兄妹婚禁忌型神话的社会以男女间的矛盾与协调为主题,经济上受自然的束缚程度低,可以强化以高生产力为背景的世俗权力,包括军事力量。而拥有天婚始祖型神话的社会不能超脱于自然,受自然关系的束缚,生产力水平相对低下,掌权者虽然拥有宗教权力,但世俗的权力很有限。当这两种社会发生冲突时,必然是生产力更为先进的兄妹婚禁忌型神话社会战胜天婚始祖型神话的社会。

　　统一了地方豪族的大和朝廷把收集到的几个地方豪族的神话编撰进了《古事记》这一国家起源神话中。因此,有人认为天婚始祖型神话属于在出云地区流传的出云神话的一部分,我们不能否认这是大和朝廷在编撰《古事记》时添加进去的可能性。总之,作为单个神话故事,这两则神话本不应该排列在一起,但是,它们作为两大敌对势力的始祖神话同时出现在《古事记》中了。而且,统一了国家的集团讲述的是兄妹婚禁忌型神话,臣服于它的集团讲述的是天婚始祖型神话,两种类型的始祖神话分得一目了然。虽然我们现在无法确认这两种神话是否是大和势力与出云势力各自自然发生似地讲述下来的,还是在《古事记》编撰过程中被编入的神话,但是,我们可以理解大和的高天原集团选择了兄妹婚禁忌型神话,而出云神话集团选择了天婚始祖型神话的必然性。

　　笔者的这一观点并不意味着在流传着这两类神话的中国少数民族中一方统一国家,另一方臣服,而是说日本神话的特点是在统一国家过程中日本神话融合了各地的神话,这两类神话同时被融合到一个神话中了。

　　总之,本文通过论述中国少数民族的兄妹婚禁忌型和天婚始祖型的始祖神话,阐述了高天原神话与出云神话中的始祖神话的区别,对要使出云国臣服于大和王权的《古事记》神话的发展来说,这两种类型的始祖神话的配置是必不可少的。

注释

[1]　陈建宪.中国洪水神话传说的类型与分布[C]//野村纯一,刘守华.中日故事传承现况.东京:勉诚社.1996.

［2］　百田弥荣子.中国神话的古事记逍遥[J].亚洲民族文化研究(第九号),2010(03).

［3］　君岛久子.中国的神话[M].东京：筑摩书房,1983.

［4］　樱井龙彦.混沌中的诞生[C]//君岛久子.东亚的创世神话.东京：弘文堂,1989.

［5］　这是樱井龙彦参照了李子贤的《羌族洪水故事断想》(民间文艺季刊,上海文艺,1986 年)后在《混沌中的诞生》中提出的观点.

［6］　伊藤清司.人类的二次起源——中国西南少数民族的创世神话[C]//君岛久子.东亚的创世神话.东京：弘文堂,1989.

［7］　大林太良.日本神话的结构[M].东京：弘文堂,1977.

［8］　大林太良.日本神话的结构[M].东京：弘文堂,1977.

［9］　樱井龙彦.混沌中的诞生[C]//君岛久子.东亚的创世神话.东京：弘文堂,1989.

"伊茨黑"仪式的咒语

吟唱者、咒语解释者：雷铁习兹(云南省宁蒗县永宁坪乡昔腊坪村，毕摩)

翻译1(彝语→汉语)：马云宏(宁蒗县总工会)

翻译2[1](汉语→日语)：张正军、远藤耕太郎

咒语解释：肖建华(云南民族大学)

日语审校：冈部隆志、远藤耕太郎

以下是本书"抗议与赔偿"、"死亡与祓禊"中报告的彝族举办祓禊仪式"伊茨黑"时毕摩吟唱的咒语。

第一段：鲁差孝[2]经

用水蒸气和烤红的石头除去牺牲(赔偿用的动物尸体)身上的污秽。

(我们[3])清洗羊的折角,清洗羊的病眼,清洗羊的瘸腿,如果不治愈羊的疾病,(天神[4])是不要这只羊的。

污秽的都都[5],污秽的投诺。

洗净污秽的草绳,彻底洗净污秽的东西。

草绳围在羊脖子上。

洗净主人家土地和室内的污秽。

洗净屋顶上的黄板和梁柱。

洗净家具和餐具。

把不吉的东西全都扫除到室外。

把家神和福神接到家里。

把主人家的每个人接到家里,把人的灵魂接到家里。

把古非神[6]接到家里,把朵吉神[7]接到家里。

把牛羊的灵魂、猪鸡的灵魂接到家里。

把鸟和牛的灵魂,把粮食的灵魂接到家里。

如果把污物送给日月,日月就会让它闪闪发光。

如果把污物送给星星,星星就会让它闪闪发光。

如果把污物送给浓浓的乌云,乌云就会让它不断飘走。

如果把污物送给雨水,雨水就会带它流到远方。

如果把污物送给狂风,风就会吹散它。

如果把污物送给飘向苍天的烟雾,烟雾就会使它消失在空中。

第二段:"伊茨黑"[8]经

(毕摩我)喊来主人一家人(出窍的灵魂)。

(把羊一次一次地转圈)转出恶梦,撵走恶梦。

被水牛撞倒的梦,

与死人一起走路的梦,

活人都去火葬场捡骨灰的梦,

(与鹰一起)展翅飞翔的梦,把(那些梦)撵到九霄云外。

除去参加已故者葬礼的梦,除去唱阿哈侯夷歌[9]的梦。

除去渡赤水河的梦,除去攀登红岩的梦。

除去(男人)和男方祖先作斗篷[10],(女人)和女方祖先织毛线的梦。

除去男人用剑时剑断的(男人梦见的)梦。

除去儿媳想回避公公[11]且又碰见婆婆的(女人梦见的)梦。

除去梦见头时折断了簪子的梦，

除去梦见眼睛时在流泪的梦，

除去梦见眼睛时在大哭大喊的梦，

除去梦见耳朵时耳饰坏了的梦，

除去梦见脖子时银项圈坏了的梦，

除去梦见手时手镯坏了，戒指丢了的梦，

除去梦见身体时丢了上衣，脱了裤子的梦，

除去梦见脚时脱了裤子和鞋子的梦，

除去被已故祖先抱在怀里的(孩子梦见的)梦。

第三段：扔掉围在羊脖子上的草绳和
神枝"都都"时念的经[12]

东方的都都是白色的，赶羊的白都都消失在东方。

西方的都都是花色的，赶羊的花都都消失在西方。

北方的都都是黑色的，赶羊的黑都都消失在北方。

南方的都都是红色的，赶羊的红都都消失在南方。

第四段：把羊祭献给天神，赎回灵魂的经[13]

抓住火葬时使用的两个火把和苦荞粑粑等不吉利之物，与羊一起绞死。

抓住天上降临的、使人头晕背痛的鬼[14]和人间的鬼，与羊一起绞死。

寨子里的家中有没有从路下的屋子里跑来的鬼？(你们)即使来拿，也不给羊的尸体，不给从路下的屋子里跑来的鬼。

有没有来抢夺羊的尸体的男鬼？（你们）即使来拿，也不给羊的尸体，也不把羊的尸体给女鬼。

有没有从天上的布霍（天上的地名）逃来的勾迪阿萨和斯阿斯利？

有没有从吉阿雷葛迪（地上的地名）来到羊的尸体边的、汉族死者的恶灵？（你们）即使来拿，也不给羊的尸体。

天上的死人之国住着乌袅乌西乌斯[15]、乌利乌利、乌毕且古、阿普阿颊。

天上的君王派遣了使者，天上的大臣派遣了使者，天上的毕摩派遣了使者。

使者拿着麻绳，这根绳子（为了绑鬼）搓好了。

使者拿着铁链，铁链发出咔嚓咔嚓的声音。

使者拿着脚镣，那把脚镣硬邦邦。

使者拿着铁枷，那把铁枷圆溜溜。

使者戴着红帽子，样子像雏鸡，

背着篮子，拿着抓捕人间鬼怪的网，

戴着叮当叮当响的铃铛，左手拿切肉的大刀，右手拿菜板。

（使者们拿着这些工具）登上最高的山峰，（站立于此）点火放烟。[16]

不知此山崖有多深，

使者用祭祀用的石头[17]来试探，找了你一年。

跟着羊找了一年（石头），跟着猪找了一年，跟着鸡找了一年，跟着人找了一年。

天上派来的使者寻找了（祭祀用的羊），今天下午，找到了一头黑俊羊。

（使者）找了葬礼用的黄板[18]，但是，主人家的人不给黄板。

虽然不给黄板，但可以给粮食。

若不是斯毕古富[19]养的肥壮牛羊，换不回（主人家的）灵魂。

赠予今天下午（找到的）肥壮的俊羊，拿到那只羊后，作为交换，请归还（主人家的）灵魂。

如果不是阿侯牛依[20]地方取来的、香喷喷的热菜，就不能招待很多宾客。

与香喷喷的热菜作交换,请归还(主人家的)灵魂。

请交换主人家的羊和(一家人的)灵魂,奉献主人家的菜肴,请今后不要让人死了。

今天下午[21](找到的)羊不是在彝族地区为了与茶叶作交换的羊,也不是汉族地区用盐作交换的羊。

诚心(给你[22])奉献上主人家自己饲养的羊和自己栽培的粮食。

寻找了9年,也只找到了这只羊;找了9个月,也只找到了这只羊;寻找了9天,也只找到了这只羊。

从对面山上下来寻找,走断了9个脚趾,

从这边山麓找到山顶,折断了9个手指,总算找到了这只羊。

请把羊带走,请吃羊肉。

第一是(供天的)羊,第二是(供羊的)粮食,第三是古[23],第四是草绳,第五是牵羊的绳,第六是赶羊的竹棒、毕摩念的咒语、毕摩使用的古和草绳、劈开柳枝[24]做的木牌等(带到天上去的东西)共1 400种。

(使者把这些东西)带给天上的君王家,带给天上的大臣家。

(使者)按毕摩的咒语去了,我交给你,你转给我。[25]

瘸腿的阿歇交给断手的吉姆,

断手的吉姆交给鸡王巴兹皮尼[26],

鸡王巴兹皮尼交给猪王博兹姆尼奥,

猪王博兹姆尼奥交给山羊王奇兹奥利,

山羊王奇兹奥利交给绵阳王尤兹阿西,

绵阳王尤兹阿西交给牛王鲁兹阿利,

牛王鲁兹阿利交给天使鲁依。

天使鲁依交给天下的摩库朵吉[27],

天下的摩库朵吉交给天下的姆库迪哈[28],

天下的姆库迪哈带到上天君王西姆戈涅的铜屋里,

铜屋红彤彤,铁屋黑魆魆,

放 9 条铁锁的地方,挂 9 条脚镣的地方,

结 9 条麻绳的地方,拴 9 只白狗的地方,

9 只猴王端坐的地方,饲养 9 只大熊的地方,

拴着 9 只鹦鹉的地方,挂着 9 个铃铛的地方,

打开 9 扇大门的地方,人多热闹的地方,

(把羊)牵到(那里),换回人的灵魂。[29]

关人的白监狱,关人的黑监狱,

人的灵魂被赶到金银建的无缝隙的监狱里。

10 根绳子被同时切断了,1 把钥匙一打开门,其他 10 把钥匙同时打开了。

不要说听不见,如果听不见,请(使者们)互相转告。

不要说看不见,如果看不见,请(使者们)互相发信号。

(分别呼喊一家人的姓名,他们的)灵魂在哪里?请全放回来。灵魂被关闭在哪里?请全换回来。

请把羊带走,请吃羊肉。

在天上能看到这只羊屹立于地上,在天上能听到这只羊在鸣叫,

这只羊有 9 层油,这只羊有 9 层腿肉,

这只羊有 9 两胆囊,这只羊有 9 层肉,

不带走羊,不吃羊肉,可惜了。

这只羊有 99 斤 9 两 9 钱肉,人连 1 两 1 钱半的肉也没有,

给你全羊,请放回人的灵魂,得羊肉划算,得人(的灵魂)不划算,

羊肉香喷喷,人肉苦涩涩。

给你这只羊的胆囊,请放回人的胆囊,

羊的胆囊温热,人的胆囊冰冷。

给你羊腿,请放回人脚,

羊腿粗壮,人脚细小。

请带走羊。

拴住人的灵魂的麻绳自然而然地断了,(灵魂)逃来了。

拴住人的灵魂的铁锁自然而然地断了,(灵魂)逃来了。

脚镣自然而然地松开了,(拴人的灵魂的)绢绳也慢慢地解开了,(灵魂)逃来了。

(拴住人的灵魂的)羊毛绳也慢慢松开了,(灵魂)逃来了。

男祖先(的灵魂)跟着子孙来了,女祖先(的灵魂)跟着女儿(的灵魂)来了。

哥哥(的灵魂)跟着弟弟(的灵魂)来了,妻子(的灵魂)跟着丈夫(的灵魂)来了。

注释

[1]　本文根据日文再译成汉文,部分专用名词根据日语音译。

[2]　"鲁"意为石头,"差"意为烤,"孝"意为没被污染。毕摩把三个干净的小石头放入地炉,烤红后用火钳取出石头,放入水勺内,用水蒸气消除室内的污秽。

[3]　指毕摩和主人家的人。

[4]　肖建华解释为"祖先"。

[5]　都都(或都都投诺)是三根柳树枝,分别加工成"白"(剥去全部树皮)、"花"(半剥皮)、"黑"(未剥皮)状的神枝,其时毕摩把草绳扎成圆形,手持三根扇柄状的神枝。

[6]　掌管子孙繁荣。

[7]　掌管人类繁荣。

[8]　把羊举到家人的头上,向右转九圈,向左转七圈后,碰触他们的身体。这是把人身上的污秽转嫁给羊的仪式。

[9]　葬礼上唱的歌曲之一。

[10]　这里指男人制作的、葬礼上盖在尸体身上的斗篷。

[11]　在彝族社会中,公公与儿媳是"不能开玩笑的"(忌避的关系)。

[12]　这是在杀羊后毕摩唱的咒语。羊被杀死后,毕摩的助手剪断围在羊脖子上的草绳。据说这意为把被禁闭在幽冥世界的灵魂解救出来。把羊脚上的血滴到"都都"和草绳上,然后吟唱咒语(第3、4段),再把它们扔到门外,把一家人的污秽全部转嫁到"都都"上,送到彼岸的幽冥世界,在咒语中说是"消失"。毕摩助手剪断草绳,并把它与"都都"一起扔掉,毕摩不直接用手接触草绳和"都都",坐着发出指示。"都都"实际上只有三根,但在咒语中有四根,与四个方位相一致。

[13]　唱完第3段咒语后,接着唱第4段咒语。

[14]　鬼指未满 60 岁的死者和夭折、自杀的死者的灵魂变的恶灵,会给人作祟。

[15]　以下四个是天鬼的名字。

[16]　点火放烟是使者们把已到达地上的事通知天上的君王、大臣、毕摩。

[17]　这里的"石头"与"鲁差孝"仪式时使用的石头相对应。

[18]　这里的黄板是盖屋顶的木板,葬礼上用它做抬尸体的担架。

[19]　斯毕古富是四川省凉山地区的地名,那里牧草茂盛,盛产高品质的家畜。

[20]　四川省凉山地区安宁河谷的地名,那里气候宜人,物产富饶。

[21]　"今天下午"的表述方法是因为实际上杀羊举办仪式的时间是下午。

[22]　"你"直接指使者,意为通过使者再把贡品奉送给天神。不过,肖建华先生认为是通过使者把贡品奉献给祖先。

[23]　"古"指都都、都都投诺。

[24]　剪断的柳枝竖立在毕摩座席后面的墙角。

[25]　"我交给你,你转给我"指使者像传递接力棒那样交替把这些贡品带过去。

[26]　巴兹皮尼是吃光所有鸟类的禽王。

[27]　摩库朵吉虽在天之下方,但离天上的君王住处远。

[28]　姆库迪哈位于天之下方,比摩库朵吉靠近天上的君王的住处。

[29]　主人一家人的灵魂被禁闭在上述地方。

高峰乡火把节的祭文《火把节祭经》

《火把节祭经》原刊载于《彝族文化》(1994年年刊)(云南省社会科学院楚雄彝族文化研究所)，附在唐楚臣、普顺发(彝族)著的《高峰乡火把节调查报告》后，经楚雄彝族文化研究所同意，张正军、冈部隆志翻译了前述调查报告和祭文，发表于《亚洲民族文化研究》(第3号)(2004年3月)上。

下面的祭文是拙著《傩戏的接受与发展》中报告的高峰乡火把节时毕摩吟唱的《火把节祭经》，这里摘自唐楚臣、普顺发著的《高峰乡火把节调查报告》。

一、数　　鬼

鬼名庚英颇，
庚英颇说啦；
鬼名伧司颇，
伧司颇说啦；
鬼名艾母灵，
艾母灵说啦：
"今年岁属下，
兵少七千起，
兵多七万起，
城小驻不下，

城大驻不下，
驻不下的哟，
为人赶灾鬼。
为人要生病，
生病因鬼起。
伤风湿热鬼，
邪毒头晕鬼，
吃不香的鬼，
喝不甜的鬼，
天干天雷鬼，

咳嗽感冒鬼，

膝酸腰疼鬼，

牛死粮病鬼，

多嘴多舌鬼，

肚胀手瘦鬼，

养儿不顺鬼，

养女不顺鬼。

庚英颇来撵，

伦司颇来撵，

艾目灵来撵，

灾鬼都撵走。"

花同村也撵，

撵到塔山后，

撵到七座崖下边，

撵到水尽头处冲走。

像移剌一样，

连根根挖走，

让鬼不再来。

灾鬼赶快走，

月出跟月走，

黑处摸着走，

驮着金银走。

毕摩到松林，

用松枝做神枝，

用松针铺祭坛，

打个松针卦，

但愿得好卦。

（至此，毕摩卜卦，连卜三卦以测撵鬼是否顺利。结束，在场的人大吼："玛哩瑙——呜！"锣鼓齐鸣）

二、撵　　鬼

（词句与"数鬼"同。不同的是所数的鬼统统加个"登"——即"撵"字）。

三、捆　　鬼

（词句与"数鬼"同。不同的是所数的鬼统统加个"拍"——即"捆"字。）

四、祝子孙昌盛六畜兴旺

鬼名庚英颇，　　　　　　　　水牛大如象。

庚英颇说啦，

鬼名伧司颇，　　　　　　　　快生儿子吧，

伧司颇说啦，　　　　　　　　生九个儿子，

鬼名艾目灵，　　　　　　　　快生姑娘吧，

艾目灵说啦：　　　　　　　　生十个姑娘。

快去找活去，　　　　　　　　儿女生够了，

快去帮工去，　　　　　　　　儿女长大了，

快去养牛去，　　　　　　　　儿子去放牛，

快去养猪去，　　　　　　　　姑娘去放猪。

快快生儿子，　　　　　　　　牛放在哪里？

快快生姑娘。　　　　　　　　牛放在乡射山。

要给姓普的人家，　　　　　　猪放在哪里？

养鸡天天鸣，　　　　　　　　猪放在花同山。

养鱼鱼肚白，　　　　　　　　一山草吃尽，

养羊遍山坡，　　　　　　　　十山草发绿。

养马马像龙，　　　　　　　　一箐水饮完，

黄牛满山黄，　　　　　　　　十箐水清清。

五、祝　丰　收

鬼名庚英颇，　　　　　　　　格是没有钱？

庚英颇说啦，　　　　　　　　没钱外面借。

格是没有种子，
没种外面讨。
找钱找种子，
顺利像水淌。
要给普姓人，
父顺子也顺，
像槌栗树样长；
母顺女也顺，
像大松树样长；
子子孙孙顺，
像满山的松树样。
婆顺媳也顺，
像缀子缀包头，
和睦又团结。
族顺邻也顺，
像篱笆围在一起。
吉祥又顺利，
像马樱花样红火，
像马樱树上寄生草，
一代更比一代昌盛。
主人老得像白头翁样，
父亲老得牙齿黄。
家中使唤仆人，
出门骑着骡马，
活计不用自己做。
普家人的犁好，
犁弯槌栗木做。
犁茬白栗木做，

犁底杉木做，
犁铧亮如银，
犁嘴尖又利，
犁板金犁板，
根索银链索，
犁牛成一双。
头犁深插进，
二犁顺边转，
三犁朝前追。
左手赶犁牛，
右手把种撒。
左手撒三把，
右手撒三把。
谷种撒得匀，
也苗才会齐。
狗日撒的种，
猪日出的苗，
出苗才三日，
谷芽像虎牙。
出苗才七日，
苗像蒿枝绿。
出苗七十天，
谷子黄灿灿。
颗颗籽粒饱，
颗颗黄又亮。
一丛长两株，
一株出两穗。
苗棵像芦苇，

苗穗像马尾，
籽粒像松子，
颗颗饱又实。
田头雀莫来，
田头雀来啦，
扭烂雀子咀。
田尾鼠莫来，
田尾鼠来格，
高断鼠牙齿。
谷丛虫莫钻，
谷丛虫钻格，
劈头撒灶灰，
虫遇灶灰死。
谷粒净又净，
谷粒饱又饱。
银亮小镰刀，
开镰割谷子。
三丛一刀割，
三把做一架，
一架背三背。
谷头三十背，
谷尾三十背，
谷中三十背，
最少九十背。
柳树做背板，
棕匹做背头，
牛皮割皮条，
做成来背谷。

去时收绳背，
回时放绳背，
背背背稻场。
场小铺不下，
场大全铺满。
打谷用连枷，
牛筋木做公枷，
白衣木做母枷。
左手打三下，
右手打三下，
棍打千粒落，
千打万粒下。
谷耙抓谷草，
竹帚扫稻场，
竹筛筛谷糠，
扬场风太小，
口哨吹三声，
地神听到后，
送大风过来。
谷糠归糠路，
谷粒归谷路。
柳木做背板，
棕皮做背头，
牛皮做背绳，
马街细麻布，
做成麻布袋。
一袋又一袋，
袋袋装进缸，

小缸满满装，
大缸尖尖装。
缸边虫爬走，
缸底虫闷死。
父吃接子吃，
母吃接女吃，
婆吃接媳吃，
子孙接着吃，

族吃邻也吃，
七代吃不完，
吃不完的格，
像山样堆着，
喝不完的哟，
像长流水样淌，
普姓人家呀，
穿金又戴银。

六、祭　　酒

鬼名庚英颇，
庚英颇说啦：
大理洱海酒，
楚雄吕合酒，
昆明黑豆酒，
禄丰谷子酒。
瓦罐装酒药，
篾箍箍瓦罐。
酒药拌酒饭，
双手拌匀净，
酒饭捂三天，
不愁酒不甜，
酒饭捂七天，
不愁不出酒。
祭呵祭，祭天神！
祭呵祭，祭地神！

祭雷公闪电，
祭田公地母，
祭祖宗三代，
祭毕摩祖师，
祭灶君老爷，
祭家堂家神，
祭门神，
祭院心，
祭土主庚英颇，
祭人神伦司颇，
祭天神艾目灵。
小神小鬼慢慢吃，
大神大鬼囫囵吞。
你们不吃也要祭，
你们不喝也要祭。

七、押　送　鬼

鬼名庚英颇，
庚英颇说啦；
鬼名伧司颇，
鬼名颇说啦；
鬼名艾目灵，
艾目灵说啦；
今年岁属下，
兵少七千起，
兵多七万起，
城小驻不下，
城大驻不下，
驻不下的哟，
为人赶灾鬼。
为人要生病，
生病因鬼起。
伤风湿热鬼，
邪毒头晕鬼，
吃不香的鬼，
喝不甜的鬼，
天干天雷鬼，
咳嗽感冒鬼，
膝酸腰疼鬼，
牛死粮病鬼，
多嘴多舌鬼，

肚胀手瘦鬼，
养儿不顺鬼，
养女不顺鬼。
庚英颇来送，
伧司颇来送，
艾目灵来送，
灾鬼都押走。
花同的鬼押走，
塔山的鬼押走，
押到七座崖下边，
押到水尽头处冲走。
像移剌样，
连根根挖走，
让鬼不再来。
灾鬼赶快走，
月出跟月走，
黑处摸着走，
驮着金银走。
毕摩到松林，
用松枝做神枝，
用松毛铺祭坛，
打个松毛卦，
但愿得好卦。

　　(至此,毕摩卜卦,连卜三次以测撵鬼是否顺利。如连卜三次得不到一阴一阳为卦像的胜卦,说明这家人不吉利。如得胜卦则为吉利。结束,众人大吼:"玛哩玛瑙——呜!"锣鼓长鸣。这户人家驱鬼结束,众人又去另一家。)

神鹏与署的战争

《纳西族东巴古籍译注全集》第六卷(云南省社会科学院东巴文化研究所编,云南人民出版社 1999~2000)收录自《神鹏与署的战争》中的概要。译文与概要为著者写作。以下是将在本书《纳西族"祭署"仪式中可见的自然与人》中所言及的纳西族神话《神鹏与署的战争》归纳总结的内容。

很古的时候,天地产生的时代,日月产生的时代,星星和群星产生的时代,山与沟壑产生的时代,水与沟渠产生的时代,树木与石头产生的时代,白与黑产生的时代,崩人与吴人产生的时代,精人与崇人产生的时代,十八层天上东巴产生的时代,白海螺般的神鹏产生的时代,署与尼产生的时代,美好而辽阔的大地上产生了人类的时代,在美利达吉海中产生了增那林斥的时代。人与署两个,勒周阿父是一个,补勒阿母是两个。署与人,像家畜与野兽不兴聚在一丛青草旁。崩人与吴人,不兴同过一座桥。说是来分天分地,说是来分村分寨,说是把天取下来分,把大地丈量来分,人山丘,分山岭,分肥田,分山地。长的切掉分,宽的划开分,(这一切都分了,只有)阿父的宝帽没有分,黄色的智金没有分,说好了把这两件宝物作为分剩的财物放好。人与署,阿父这两件剩下没分的宝物,被署美纳布拿去,藏到美利达吉海中了。署不让人类开天辟地、建村建寨,不让人类到山上找柴,不让人类在沟壑中舀水,不让人类到高原中牧羊,不让人类牵狗打猎。一印马蹄下,由署建了九个寨,辟了九片天。一盖帽子底下,由署辟了九块地,山上所生的树木,沟壑所流的水,所有的土石,都被署占去了。不让人类建一个寨,署却建了九座寨,不让人类辟一地,署却辟了九块地,不让人类建住房。一日清晨,去建造房子,(署家的)白头黑鹰抓了人的头,不让人建房。署有九条路,人却一条也没有。人类已没有办法。署美纳布心想坏主意,人类(这边)丈夫不悦,一夜睡不着,牛羊不悦,半天不吃草。人类居住的辽阔大地上,能者与智者商量,卢神与沈神商量,不靠十八层天上的白海螺般的神鹏和东巴什罗,人类居住的辽阔大地上,就不能给人保福保佑的了。谁去请他们呢? 多本阿嘎男儿,骑一只长獠牙的白羊,拉吾拉刹男儿,骑一匹虎似的马,(人们)让他们去请东巴什罗。(东巴什罗)从十八层天上降下来,东巴什罗骑一匹白马,白海螺般的神鹏跟在背后降临下来。来到人类居住的辽阔大地上,人们带上纯酒和净饭,给东巴什罗和白海螺般的神鹏烧天香。次日清晨,早晨的阳光照下来的时候,东巴什罗到美利达吉海中去了,(此时)神女素社麻正坐在美利达吉海边织布。署美纳布则是住在美利达吉海中的金房、银房里,坐在银床金床上。署女素社麻,她不做编织手工。署女素社麻说:"东巴什罗,你见署酉增那林斥不会害怕吗?"署女素社麻说:"我是银盆、金盆不心疼,银梳、金梳也不心疼,不做能吃得好,不牧有好奶挤,(这样的条件)我也不心疼了。"署女素社麻说:"东巴什罗,你也不害怕署美纳布吗?"东巴什罗说:"不必要害怕署美纳布,好男儿到他人住地来做一次客,不必害怕署美纳布。"东巴什罗又说:"署美纳布会做什么呢?"署女素社麻说:"他在十五的那天,会带着银盆金盆、银碗金碗,到美利达吉海边洗头梳头。"东巴什罗(给神鹏)说:"说是在十五的那天,(署美纳布)会带着银盆、金盆、银碗、金碗,到美利达吉海边洗头梳头。"东巴什罗与白海螺般的神鹏商量了对策。十五日那天,神鹏坐在(海的)东边(守候署美纳布)。(太阳出来)神鹏的影子便映在美利达吉海里,署美纳布(见状),(赶紧)带着银盆、金盆、银碗、金碗,潜进海中看不见了。

　　(于是)东巴什罗与神鹏又商量对策。神鹏嘴套铜嘴,爪套铁爪,十五日那天,神鹏坐在西方,面向东方(守候署美纳布)。署美纳布的银盆金盆里,装着银梳、金梳,又来到美利达吉海边洗头。(这时候)白海螺似的神鹏像闪电般冲去,抓住了署美纳布的头(拖上来),绕一匝居那若罗山,往上拉一下,居那若罗神山都拔高了一截,美利达吉海涸下去一截。在美利达吉海边,神鹏抓住署美纳布绕两匝居那若罗山,往上拉一下,居那若罗神山拔高了两截,美利达吉海涸下去两截。在美利达吉海边,神鹏抓着署美纳布绕三匝居那若罗山,往上拉一下,居那若罗神山拔高了三截,美利达吉海涸下去三截。(这时)神鹏对署美纳布说:"署美纳布,我的锋利无比的铁爪的力还没有使出来呢,我不把你拖到十八层天上,是不会罢休的。"署美纳布说:"白海螺般的神鹏呀,我们两个没有男女祸事之争,你不要来杀我。"神鹏把署美纳布拴在居那若罗神山的季斯树上。美利达吉海好像要干涸下去了,居那若罗神山好像要干裂开来了,含依宝达神树好像要枯萎下去了,赠争含鲁美神石好像要干裂开了。九山的树干了,七壑的水涸了。小蛇的尾干了,青蛙的嘴干了。人类居住的美好而辽阔的大地上,精人与崇人没有水喝,干得好像要死去。见了草心里也不疼爱了。天不降雨,地不长青草了。白海螺似的神鹏说:"没有因男女事滋生灾祸,不过,阿父没有分而剩下的宝帽、黄色智金和罗补斥,这三件宝物没有分,而署美纳布把约定不分、共同存放的三件宝物,拿到美利达吉海里藏起了。(署)不让人类开天辟地,不让富家的子弟到高原放牧,不让富家的子弟牵狗打猎。不让穷家的子弟布线捕兽,不让崩人与吴人插签捕兽,不让到山上砍树,不让到沟壑里引水理渠。不让人类开一块天,署却开了九天。不让人辟一块地,建一个寨,署却辟了九块地,建了九个寨。一印马蹄之下,署辟九片地。一盖帽子之下,署开了九块天。山上所生的树木,沟壑中所流的水,都以署的属物命名了。"署美纳布说:"署没有向人类争斗,是人类先跟署争斗的。人类在署家的泉水边,杀生、剥皮、出血。有一早上,富家的子弟牵狗打猎,不让九山上的鹿和野牛聚在一起。人类做犁架、耙子,而把蛇斑白鹿杀了,把蛇斑母鹿杀了。杀了署家坐骑绿鬃公野牛。射杀了阳坡上的野黄猪,射杀了阳坡上的红老虎。杀了雪山上的白胸大熊,取了高岩上的蜂,拿了海里的鱼,淘了江中的金。不让白鹇栖息在树梢上,射杀了树梢的白鹇。杀了树上的蛇,杀了石底的蛙。烧九山的火,堵七壑的水。"

次日清晨,署美纳布让任金里余去迎接东巴什罗,任金里余(对什罗)说:"我底下的增那林斥,他没有做什么男女祸事,(可是)神鹏把他拴在居那若罗山上的季斯树上了。山上的树也干枯了,壑里的水也干涸了,小蛇的尾巴干了,青蛙的嘴皮干了。"任金里余向东巴什罗双膝跪下磕头,说:"东巴什罗,请你下去在人类与署之间作酋长和老者吧。"一日,什罗骑着白马,与神鹏商量。什罗骑着白马,来到署家作酋长和老者。署美纳布说:"署没有跟人类争斗,是人类来跟署争斗的,如今(请东巴什罗)来调解,不争斗了。要向我供奉九饼酥油、九背翠柏、九盆白米、九簸箕白面粉。用绿松石作为给天的财物献上,用黄金作为给地的财物献上。卢神跟前献上白马,沈神跟前献上浓茶。在固水的上游拴上白山羊,在思水的下游拴上白鸡,来招魂。山丘不够分,就去分高山。肥田不够分,就去分山地。"东巴什罗又说:"如果不让人类到高原上放牧,就无法得到九饼酥油;(如果不让人类)盘田种地来干活,就无法得到九盆白米,九簸箕白面粉。(要让人类)供献给你一瓶酥油、一盆白米、一碗面粉,一背青柏。"白海螺般的神鹏说:"人类像牛一样傻而且有力,署美纳布,约定(从今往后)人类兴辟九片地,署辟一片地。给署高山上的一棵大树、一块大石、一条大河。"人类这边,约定山丘不够分,就分高山。肥田不够,就开山地。牲畜不够,就猎野兽。东巴什罗让人类保护树上的蛇,不准杀蛇;保护深壑中的蛙、不准杀蛙。让卢神养石,让沈神养树。让能者建寨,让盘神开天,让禅神辟地,开好天,辟好地。把卢神与沈神的话留下,署美纳布和神鹏不争斗又和解了。所有的署与龙,冬天的三个月,住到天上去了。春天三个月,住到纳刹补巴高原去了。夏天三个月,住到纳居美固底下去了,秋天三个月,住到美利达吉海里去了。已经说定:冬天三个月,没听见白鹤的叫声,署不能叫。夏天三个月,没有听见野鸭的鸣叫,署不能叫。树木的妥金不出来,署不能出来。白杨枝叶不出来,署不能出来。署与人类不争斗又和好了。由东巴什罗之手调解,由明斥丁瓦之手调解,由冒米巴拉之手调解,出一千一万的白牦牛、一千一万的灰黄马来调解,给署施药。由冒米巴拉的手来调解,由东巴什罗的手来调解,做白牦牛一千一万、灰黄马一千一万。白羊毛毡子做署的被窝,白麻布裹住署的脚,做七百块白木牌、五百块高木牌,插上精肯塞美地的枚木木牌。神的瓦吉河上游,建翠柏署塔,偿给署一千一万生翅的飞禽,偿给署一千一万生斑纹的野兽,偿还一千一万长蹄子的野兽。做署寨九寨,用青草坪做署的法轮宝座。做九丛竹、九片白杨林,建翠柏署塔,给署献上香火油灯,给署满眼满目的财物。用一背翠柏、一饼酥油,署也心悦,好像沸水又杀下去似的。

东巴什罗对署美纳布说:"神鹏抓了署美纳布的头,要给署头痛的药、翅病尾病的药、肋病的药。"东巴什罗带上木板一样大的弓,搭上犁轭一样大的箭,套上铧一样大的镞,射向东方的冒米巴朗山,在拔出箭镞的洞眼里,流出一股白色的药水来。神的白母犏牛、白母牦牛饮了它,就挤白犏牛、白牦牛的奶;白母山羊、白母绵羊饮了它,就挤白母山羊、白母绵羊的奶。给署施放金银暖气的药,绿松石、墨玉石暖气药,姜茶暖气药。头痛用白海螺作药,眼病用苦楝子作药,牙痛用白海贝作药,手疼用佛掌参作药,脚病用鹿角胶作药,肠病用白色"趣"穗、"能"穗来作药。肺病用高岩上的空蜂巢作药,肝病用水中有石花菜作药。神鹏的铜、铁爪子抓了署美纳布的头,署美纳布头痛给头痛的药,给署与尼施药,给署与龙施药,愿署与龙的病好掉。人类居住的美好辽阔的地方,愿所有的人不病,不得发烧病。人类与署类也不争斗又和好了。由冒米巴拉神的手来调和,由明斥丁瓦的手来调和,由东巴什罗的手来调和,由寿拉乌格的手来调和,主人家与署也不争斗又和好了。在牛马前用青草作酬物献上,给天的酬物用绿松石献上,给地的酬物用金子献上,给卢神献上白马,给沈神献上黑牛,用九种十样的花作药。给东方白色的署与龙施药,给南方绿色的署与龙施药,给西方黑色的署与龙施药,给北方黄色的署与龙施药,给天地中央杂色的署与龙施药。给住在村子与寨子的署施药,给住在肥田与山地的署施药,给住在房前和屋基地的署施药。拿木牌的里母小子,见了木牌不兴不想念。崩人的喂马小子,见了草不兴不心疼。拿财物的小子,见了财物不兴心冷。父亲见了财物,见了财物心里要高兴,见了财物要有笑容。银山上插上银木牌,金山上插上金木牌,墨玉山上插上墨玉木牌,绿松石山上插上绿松石木牌,林山上插上木牌,铁矿石山上插上铁矿石木牌。人类则心安神宁,流水满塘,得到福泽与子嗣,得到富强。求天上白星的福泽,求地上青草的福泽,求树上叶子的福泽。规矩先前就有;白铜铸铁模,铁模先前就有。箭羽由胶粘,规矩和铁模先前就有。这一家主人家,派年轻捷足者,请能干的东巴做仪,(东巴)用白羊毛毡子铺设神坛,用青稞、白米作神粮倒上。白铁铧作为卢神石竖上,供上金、银、绿玉石、墨玉石,作为给署的酬物。供上牦牛、羊、酒、饭、肥肉和瘦肉,给署烧天香。给盘神与禅神、嘎神与吾神、沃神与恒神烧天香。做九寨署寨,用白羊毛做署的被窝,白麻布裹住署的脚,给署偿上蛇和蛙。插上精肯塞美地砍来的美木白木牌。做九丛竹子、九片白杨林,做白牦牛一千一万,做灰黄马一千一万,给署满眼满目的财物。用九种十样的花作药,给署施放药。这一家主人家,女人带上奶渣和酥油,男人带上纯净的面粉和纯净的酥油,去祈求年岁与寿岁,去祈求福泽与子嗣。能干的东巴,把主人家的魂招回,使魂不压在署龙底下。主人家与署也不争斗和好了。天边由绿松石调和,地边由金子调和,由卢神手与沈神的手调和,由东巴什罗的手调和,由冒米巴拉神的手调和,由明斥丁瓦的手调和,由寿拉乌格的手调和,由金道金尤的手来调和,(人与署)不争斗又和好了。给酋长献上羊毛毡子,给牛马献上青草,向天上的白星祈求福泽,地上的青草祈求福泽,树上的叶子祈求福泽,祝愿这一家主人家,心安神宁,流水满塘,得到福泽与子嗣,得到富强,愿不生病痛!

论文出处一览表

1. 《讲述自我不足的创世神话——中国云南省怒江流域的神话与文化》：原论文题目是《中国云南省怒江流域的创世神话——讲述自我不足的怒族、独龙族神话》，发表于共立女子短期大学文科纪要（45号），2002年1月。这次收录该论文时作了大幅修改。

2. 《照叶树林文化带神话传说中的食物研究》：原论文题目是《与照叶树林文化带及其周边地区发酵食品的制造利用相关的科学的、文化的研究和应用》，发表于共立女子大学综合文化研究所纪要（第16号），2010年2月。

3. 《人牲供祭——中国云南省佤族的猎人头祭》：发表于中村生雄、三浦佑之、赤坂宪雄编的《狩猎与供牲的文化志》，森话社，2007年。

4. 《抗议与偿还——中国云南省小凉山彝族的"火把节起源神话"》：原论文题目是《中国云南省小凉山彝族的"火把节"起源神话及"伊茨黑仪式"》，与远藤耕太郎教授共著，发表于共立女子短期大学文科纪要（44号），2001年3月。这次收录该论文时以原稿冈部隆志执笔部分为主，作了大幅修改。

5. 《死亡与祓禊——彝族与日本的"祓禊"仪式比较研究》：原论文题目是《死亡与祓禊——中国少数民族彝族的"祓禊"仪式与日本的祓禊之比较研究》，发表于赤坂宪雄编的《东北学》（VOL6），东北文化研究中心发行，2002年5月。

6. 《凤河村白族与巫师研究》：原论文的题目是《中国云南省白族的巫师世界》，发表于菅原寿清编的《木曾御岳信仰和亚洲的灵魂附体文化》,岩田书店,2012 年 10 月。这次收录该论文时作了大幅修改。

7. 《傩戏的接受与发展——云南省禄丰县高峰乡彝族的火把节研究》:
原论文题目是《云南省禄丰县高峰乡彝族的火把节——傩戏的接受
与发展》,发表于《亚洲民族文化研究》(3 号),亚洲民族文化学会发
行,2004 年 3 月。

8. 《中国云南省弥勒县彝族红万村“火祭”的动物供牲》:该论文原发表
于《关于东亚的人与自然的对抗／亲和的各相关关系的宗教民俗学
研究》(平成十六年度～十八年度科研费补助金研究成果报告书),
研究代表:中村生雄。2007 年 3 月。

9. 《纳西族“祭署”仪式中可见的自然与人》:原论文发表于《亚洲民族
文化研究》(11 号),亚洲民族文化学会发行,2012 年 3 月。

10. 《白族的创世纪研究》:原论文发表于工藤隆、真下厚、百田弥荣子
编的《探索〈古事记〉起源的创世神话》,三弥井书店,2013 年 5 月。

11. 《〈古事记〉神话中的“兄妹婚禁忌型神话”与“天婚始祖型神话”的
比较研究》:原发表于李子贤、李存贵编的《形态·语境·视野——
兄妹婚神话与信仰民俗暨云南省开远市彝族人祖庙考察与研究国
际学术研讨会论文集》,云南大学出版社,2011 年 12 月。

后　记

　　拙著是我十五年来对中国云南省少数民族文化的调查记录。我的专业是日本古代文学,而不是中国的区域研究或文化人类学。我当初去云南的主要目的是调查中国云南省少数民族的对歌文化,以便与日本的对歌作比较研究。这项调查研究已持续了十五年,同时也在做神话和祭祀的调查。拙著可以说不是我的本业(对歌文化),而是关于云南省少数民族的神话和祭祀的调查记录。拙著将不收录我对对歌文化的研究成果,关于对歌文化,我会另外找机会出专著。

　　我之所以长达十五年坚持考察云南少数民族文化,是因为云南具有不可思议的魅力。为了研究日本古代文学,我每次去那里都有新发现,看到下一次的研究课题。因此,我第二年又不得不去,这样反复地去云南考察,持续到了今天。带我走入云南的工藤隆教授经常叹息地说,日本的古代文学研究者为什么不去云南呢?那里尽是值得研究的课题。我非常能体会那种心情。

　　另一方面,我也非常理解大家不能去那里的原因。如果没有某种契机,云南并非是个可以简单地去调查的地方,与去日本国内调查还是不一样的。如果有机会,很多日本的古代文学研究者也许还是想去的。不过,机会不会那么简单地降临,能自己制造机会的坚韧不屈的研究者还是不那么多。从这个意义上讲,我能获得访问云南的机会还是幸运的。

　　云南省少数民族文化考察不是一个人能进行的,拙著中收录的调查研究报告当然也是很多人合作研究的成果,拙著的成果应归功于我开始去云南后十多年来在云南认识的各界人士的帮助、被云南吸引的日本研究人员之间的交流、以工藤隆和我等为中心发起的"亚洲民族文化学会"的活动。
我原以为我与海外的调查研究无缘,没想到意外地接触到了云南文化,能出
版这种关于云南文化的书籍,真像是做梦似的。这完全是我结识各位,与大
家合作的结晶。我对此感激不尽。

我这里需要特别感谢华东理工大学的张正军教授(原云南大学、宁波大
学教授),他几乎每次调查都做我的翻译,兼任合作研究人员。

我1997年第一次访问云南时,张先生是云南大学日语专业的副教授,
那时他已担任了工藤隆教授考察云南时的日语翻译。张先生的日语翻译当
然是优秀的,在调查现场对我的照料很周全,协调能力也很强。如果没有张
先生的帮助,我很难在云南开展考察。张先生是其他人难以替代的合作伙
伴。当然我一个人去云南考察时张先生也给了我帮助,去云南考察的"亚洲
民族文化学会"的会员几乎都仰仗于张先生的帮助。

张先生当初是作为翻译参与我们的云南考察工作的,后来考上了云南
大学的博士,研究文化人类学,并获得了专门史的博士学位,其博士论文是
《二十世纪日本学者对云南少数民族历史文化研究之研究》,他一边担任日
本研究者考察云南时的翻译,一边把云南少数民族文化研究史作为自己的
研究课题,这样,他不知从何时起变成了我们的合作研究者,而不仅仅是翻
译了。我如果没有结识张先生,那肯定没有这本拙著的问世。张先生的作
用巨大,我想在此由衷地表示谢忱。

最后,我必须感谢把我领到云南的工藤隆教授以及拙著中报告的几次
同行调查的远藤耕太郎教授。工藤隆教授对拙著的编辑提供了许多宝贵的
建议,在付梓之际,三弥井书店的吉田智惠也提出了很多建议,特此致谢。

冈部隆志

2013 年 10 月 15 日

译后记

　　本书作者冈部隆志教授是日本共立女子短期大学教授,主要研究日本古代文学、近现代文学、民俗学,是和歌杂志《月光》的著名评论家。

　　1997 年 8 月,冈部隆志教授第一次到云南省考察少数民族的民俗文化、神话和对歌,并与日本的民俗、"记纪神话"、对歌做比较研究,之后,几乎每年去云南考察,足迹遍布昆明、大理、丽江、怒江、西双版纳、楚雄、红河、保山、临沧、德宏、普洱、开远等地州的民族村寨。我当时在云南大学任教,通过李子贤教授、工藤隆教授的引荐,我认识了冈部隆志教授。其间,我们多次赴少数民族地区考察节日活动、民俗宗教、神话和对歌等,在云南考察过佤族木鼓节、彝族祭火神和火把节、纳西族祭"署"、彝族和哈尼族的丧葬和神话、白族的对歌和葬礼,在湖南湘西考察苗族对歌等。本书稿是这些田野调查的部分成果。1998 年我陪同工藤隆教授、冈部隆志教授一起考察了云南省的景颇族、德昂族、阿昌族、傣族、白族的对歌,2000 年两位教授在日本出版了《中国少数民族对歌调查全记录 1998》。2011 年,冈部隆志还出版了《对歌溯源》《七五调的亚洲》等。

　　2001 年,工藤隆教授、冈部隆志教授、远藤耕太郎教授等发起成立了"亚洲民族文化学会",冈部隆志教授是继工藤隆教授之后的该学会的第二任代表,并长期兼任事务局长,编辑《亚洲民族文化研究》杂志,他们组织日本的文学研究者、文化人类学者对亚洲各地的民间文化做了系统性研究,并把研究成果、调查报告发表在会刊《亚洲民族文化研究》上。该学会成立后,与云南大学、楚雄师范学院、大理学院等在昆明、怒江、开远、楚雄、大理等地联合举办过国际学术会议,出版了论文集。

　　2003 年译者离开云南大学到宁波大学工作，2015 年再到华东理工大学外国语学院任教，译者和笔者仍然一如既往地带着亚洲民族文化学会的会员去考察中国的少数民族，本文可谓是作者近 20 年对云南少数民族文化做调查研究的结晶。我作为一个普通中国人，非常感激冈部隆志教授及亚洲民族文化学会各位会员为保存、记录中国民族文化的努力。

　　本译著得到了冈部隆志教授本人和宁波大学"外国语言文学"浙江省高校人文社科重点研究基地的出版资助，得到了上海交通大学出版社王华祖先生、赵斌玮先生的支持，特此致谢。

华东理工大学　张正军

2015 年 11 月 18 日